D1664753

J. ROESSLE

FRÖHLICH WÄHRT AM BESTEN

FRÖHLICH
WÄHRT AM BESTEN

Heitere Geschichten deutscher Erzähler
ausgewählt von Pfarrer Dr. Roessle

Christliche Verlagsanstalt Konstanz

1. Auflage 1972
© Christliche Verlagsanstalt Konstanz
Schutzumschlagentwurf: Werner G. Krüger
Satz und Druck: MZ-Verlagsdruckerei GmbH Memmingen
Bindearbeiten: Georg Gebhardt Ansbach
Printed in Germany
ISBN 3 7673 1490 8

INHALTSVERZEICHNIS

DER ALTBEKANNTE REGENSCHIRM
Eine Geschichte aus der Nachkriegszeit

Um gelehrt zu werden, braucht man nur seinen Regenschirm stehenzulassen. Man hat ja gelesen, daß zerstreute Professoren ihren Regenschirm . . . und so weiter. Zerstreute Professoren sind gar nicht zerstreut, sie sind nur vertieft in die Geheimnisse des Weltalls, daß sie niedrige Dinge wie Regenschirm oder überhaupt Regen nicht beachten. Nun, auch ich war gelehrt, leider, und hatte keinen Regenschirm mehr. Ich dachte wie meine Mutter einmal, als bei ihr eingebrochen worden war: „Der liebe Mensch, der ihn fand, wird sich gefreut haben, denn der Schirm war noch ziemlich gut . . ."
Wir hatten nur noch einen trümmerhaften Regenschirm. Ich wage nicht, ihn zu schildern. Nachdem ich aber einmal mächtig eingeregnet worden war und mir eine Erkältung zugezogen hatte, holte meine Frau diesen uralten Kerl hervor und flickte ihn noch einmal zusammen. Er wurde von ihr mit Hilfe von Bindfaden und Stricknadeln aufgespannt und festgemacht. „Natürlich kannst du ihn nicht zusammenklappen, du mußt ihn aufgeklappt wieder mitbringen. Auf dem Oberboden hebe ich ihn auf, bis du ihn brauchst." Bald goß es in Strömen, und ich brauchte ihn. Auf dem Hinweg ging's ganz gut. Was taten schon die paar Ängste, wenn ein Windstoß kam. Leider ließ ich ihn nicht stehen! Als ich den Rückweg antrat, schien die Sonne. Der verflixte Regenschirm ging nicht zu. Ich mußte ihn offen, aufgeklappt, durch den Sonnenschein nach Hause tragen. Mir wurde ganz schwül, wenn ich Menschen begegnete.

Wie gehässig Menschen lachen können, wenn einer im Unglück ist . . .

Infolgedessen verfaßte ich einen Anschlag für unsere Anschlagtafel. Der Anschlag ist verlorengegangen, aber den Durchschlag hob meine Frau in ihrer dicken Mappe „Was Freude macht" auf. Ich selbst habe bereits einen Kasten, eine Mappe reicht nicht mehr aus; denn ich habe so viele Freuden. Also: „Welcher liebe Mensch verkauft uns einen Regenschirm? Wir brauchen dringend einen, der Vater für die Amtswege, die Kinder für den weiten Schulweg. Er muß nur noch einigermaßen zu gebrauchen sein, kann aber altmodisch sein. Preis nach Vereinbarung, mindestens aber 10 Mark. Vielleicht steht bei Ihnen auf dem Boden oder in irgendeiner Ecke ein alter Regenschirm und trauert, erlösen Sie ihn! Recht dankbar für liebe Hilfe in der Not: Ihr . . ."

Es gab damals in Deutschland fast nichts zu kaufen, auch nicht Regenschirme, aber es gab immer noch in Deutschland Freunde in der Not! Und eine gute alte Mutter im Ort schenkte uns sofort zwei Regenschirme. „Ich schenke Ihnen gleich zwei, denn einen lassen Sie doch stehen", sagte sie liebreich.

Und in den nächsten vierzehn Tagen wurden uns noch etwa zehn Regenschirme angeboten. Aber wir waren ja versorgt. Wir staunten über diese Fülle unerlöster Regenschirme. Aber dann sagten wir uns: Irgendwohin müssen sie doch geraten, die vielen, die man stehenließ in seinem Leben; das werden sie halt sein.

Noch nach drei Wochen kam plötzlich Fräulein Anna zu uns, aus dem benachbarten Kurort, und brachte mir noch einen Schirm. Sie hätte von meiner Not gehört. Ich war tief gerührt. Fräulein Anna war die Haushälterin meines lieben alten Rektors, der im vorigen Jahr hochbetagt gestorben war. „Das ist doch der Schirm, welcher . . .", schrie ich. „Natürlich", nickte sie, „eben der ist's." Die Sache war so: Ich war mit meinem alten Rektor einmal in der Stadt gewesen zu einer Sitzung. Der alte Herr war schon recht wacklig, und ich begleitete ihn aus alter Verehrung. Plötzlich jammerte er am Abend laut: „Ich habe meinen Schirm stehenlassen, o weh, was wird Fräulein Anna sagen, ich traue mich ja nicht heim, meinen Schirm muß ich wieder haben, ich fürchte mich vor Fräulein Anna . . ." Wir waren in einem Kaffeehaus gewesen und in einem Geschäft vor der Sitzung, und dort konnte der Schirm nur stehen. „Ich forsche überall nach, Herr Geheimrat, ich finde ihn wieder", rief ich und machte mich auf den Weg. Trotz liebenswürdigsten Bittens . . . schauderhaft, der Schirm war weg. Der arme alte Mann! Gebrochen, von mir vergeblich getröstet, fuhr er mit mir heim. „Das Fräulein Anna werde ich übernehmen, Herr Geheimrat", tröstete ich. „Noch nach Wochen werde ich das hören müssen", rief er ungetröstet.

Ich ging voraus, als wir bei ihm angelangt waren, und begrüßte mit höflichster Freundlichkeit das Fräulein Anna. „Sie, beste der Hausdamen", flötete ich, „denken Sie nur, der teure Herr Geheimrat hat — er wird doch schon bald neunzig — seinen Schirm, in der Stadt, bei dem Alter, ach weh, welcher Jammer . . .", stotterte ich. Fräulein aber lächelte menschlich und sagte: „Der Herr Geheimrat hatte gar keinen Schirm mit! Seitdem er die sieben letzten stehenließ, geb' ich ihm den allerletzten gar nicht mehr mit, der steht ja hier . . ."

Und diesen Schirm erhielt ich auch noch. Und den habe ich auch noch. Die beiden andern, o weh, die sind schon weg, den teuren Schirm, die liebe Erinnerung an den alten Herrn, den lasse ich jetzt immer zu Hause. Es ist der einzige, den ich jetzt noch habe. Regen ist übrigens gar nicht so schlimm.

Karl Josef Friedrich

DER WACKERE PAPAGEI

Da kommt eines Tages ein Unbekannter zum Gastwirt Léon Frac in der französischen Hafenstadt Dieppe und bietet einen Papagei zum Kauf an. Na, der Mann verlangte nicht viel, um ein paar Franken gab er ihn ab mitsamt dem Käfig. Das Vogeltier könne auch wunderschön sprechen, versicherte der Unbekannte, aber nur, wenn er sich eingewöhnt habe. Der Wirt hängte den Papagei in seiner Wirtsstube auf und gab ihm Futter.

Am ersten Tag verhielt sich der Papagei stumm. Er mußte sich erst eingewöhnen, wie der Mann gesagt hatte. Der Vogel war ein hübscher, bunter Kerl; auch wenn er nicht sprechen sollte, wenn der Mann geschwindelt hätte, der Vogel war doch ein Gewinn für das Geschäft.

Am zweiten Tag ging es lebhafter zu. Ein Ostinder war im Hafen angekommen, und die Mannschaft versammelte sich bei Léon Frac und machte Betrieb. Donner ja, es ging hoch her, und der Schnaps floß wie der Golfstrom. Da aber ertönte plötzlich in den Hochbetrieb eine geisterhafte Stimme:

„Denkt an Gott, ihr alten Sünder . . .", quäkte der Papagei ganz deutlich.

Zuerst war es den Leuten mehr lustig als bös, dann aber schien es bedenklich zu werden.

„Fahrt nur so fort, ihr kommt alle in die Hölle . . .", schrie der seltsame Vogel. Und er wiederholte: „Denkt an Gott, ihr alten Sünder . . ." Und noch ein dritter und vierter Satz kam:

„Wenn ihr lästern wollt, denkt an eure Mutter . . ." Und: „Auf euch Säufer freut sich schon der Teufel . . ."

Und immer wieder: „Denkt an Gott, ihr alten Sünder. Fahrt nur so fort, ihr kommt alle in die Hölle . . ."

Das war zu schlimm. Die Matrosen meinten, das hätte der Wirt, der hinterlistige Schuft, so eingefädelt, er hätte dies dem Vogel listig eingeübt, und jetzt wolle er ihnen die Hölle heiß machen. Das war zu toll.

Und es gab eine Prügelei, wie sie die Kneipe von Léon Frac noch nicht erlebt hatte; der Wirt wurde an den Schanktisch gebunden und jämmerlich verprügelt, die Tische und Stühle und Gläser wurden kurz und klein geschlagen. Schließlich kam die Polizei. Zwei Mann und den Wirt lud man auf als Verletzte, acht Mann mußten mit zur Wache.

Dem armen Vogel aber hatte einer den Hals umgedreht. Ein ehrendes Gedächtnis seinem Andenken!

Karl Josef Friedrich

AUF DER WELTAUSSTELLUNG IN CHICAGO

Es ist schon eine geräumige Zeit her, daß ich dir zuletzt geschrieben habe, aber nun liegt schon all' die Wochen viel Schnee. So bleib ich in der Döns (daheim) und schreibe dir diesen Brief mit dieser meiner Hand. Ich will dir von meiner Weltausstellungsreise nach Chicago erzählen, und das dauert viel länger als die Reise selbst. Na, der Schnee wird wohl solange vorhalten, bis ich fertig bin. Er hat tüchtig geschanzt, und von der Fenz (Hecke) ist nichts mehr zu sehen. Die Reise ist schon eine ganze Ecke von Jahren zurück, aber ich weiß das alles noch, was ich erlebt habe.
Schuldt kam zu mir. Er sprach: Willst du mit auf die Weltausstellung gehen? Völß kommt auch mit. – Was wollt ihr da? – Was sehen und uns belernen. – Das kostet ein Stück Geld. – Darum stecken wir was in die Tasche. – Da sind nicht wenig Menschen. – Wenn wir ankommen, sind es noch drei mehr. – Nehmen wir unsre Frauen auch mit? – Nein. Wer sein Weib liebhat, läßt sie zu Hause. Wir haben nachher sonst auch keinen Menschen, dem wir erzählen können, was wir gesehen haben.
Das leuchtete mir ein. Mein Kaufmann in Springfield hatte sich mal verheiratet. Da wollte er gern eine Hochzeitsreise machen, aber er hatte noch nicht recht was vor den Daumen gebracht. So wurde es ihm zu teuer. Darum ließ er seine Frau zu Hause und machte die Hochzeitsreise allein. So wurde es billiger. Er hat seiner jungen Frau nachher viel zu erzählen ge-

habt von der Hochzeitsreise. Ob sie damit zufrieden war, hat er nicht gesagt. Sie auch nicht.

Als ich darüber nachgedacht hatte, ließ ich meine Frau auch zu Hause. Ich zog meine besten Weltausstellungsstiefel an und ging mit. Gegen neun Uhr ging der Zug nach Springfield. Er war proppenvoll, und wir mußten bald Vorspann nehmen. Da ging es recht kurzbeinig weiter. Morgens sieben Uhr kamen wir in Chicago an. Jungedi, wat Minschen! Wir gingen ins Gasthaus. Da mußten wir einen Dollar bezahlen für Essen und Schlafen. Unser Mittagessen bekamen wir mit und steckten es in die Tasche. Da drückten wir es breit und konnten es nicht mehr essen. Bis an die Lake, das meint den See, mußten wir eine Meile zu Fuß laufen, dann drei auf der Eisenbahn fahren: zehn Cents. In die Ausstellung hinein fünfzig Cents. Ich ging gleich von den andern ab. Sie waren mir zu langsam. Völß sagte: Richt' man kein Unheil an! Ich schoß vorwärts. Was mich verinteressierte, das bekuckte ich. Was mich nicht verinteressierte, daran schoß ich vorüber.

Da fing ein Kind an zu schreien. Ich kuckte mich um. Da war es ein kleines Mädchen von drei Jahren. Es lag auf dem Fußboden. Ich half ihm auf. Ich dachte: Es ist ein Unverstand, so kleine Gören mit in den Trubel zu nehmen. Was hat das Gör nun davon? Weildeß kam die Mutter gelaufen. Sie schrie: Du hast mein Kind niedergelaufen. Kannst du langer Laban dich nicht vorsehen! – Ich riß aus und kam ins Deutsche Haus. Da waren die Apostel in Lebensgröße aufgestellt und kuckten still über all' die Menschen hin. Ich schoß den Fußboden entlang, die Augen auf die Apostel gerichtet. Sechzehn Fuß vor den Aposteln ging es eine Stufe runter, die hielt einen Fuß. Ich sah sie nicht. Bums! schoß ich mit der Nase voraus auf den Boden, daß es man so dröhnte. Da lag ich zu der Apostel Füßen. Da waren aller Augen auf mich gerichtet und lachten. Aber die

Apostel lachten nicht. Judas auch nicht. Sie kuckten ganz ernsthaft weiter.

Am andern Tag gingen wir wieder aus. Da fing einer an zu schimpfen. Das verstand er. Das hörte ich gern. Er brauchte schöne neue Wörter. Darum stand ich still und sah ihn aufmerksam an. Aber Schuldt sagte: Er meint dich. Du hast ihm seinen Haufen Bananen umgelaufen. Ich wußte von nichts. Aber wir machten, daß wir weiterkamen, und ich dachte: Du mußt dich vorsehen, sonst richtest du wirklich noch Unheil an, und dann spunnen sie dich ein. So sah ich mich vor, und wir gingen zusammen in das California-Building. Da hatte einer einen anlockenden Apfelsinawein zu verkaufen. Der sah wohlschmeckend aus. Schuldt sagte: Ich will drei Gläser zum besten geben. Völß sagte: Ich auch. Ich sagte: Ich auch. So tranken wir jeder drei Glas. Schuldt lickte sich mit der Zunge die Lippe ab und nickköppte; Völß auch, ich auch. Schuldt hob seine Augen auf und sagte: Es fängt mir gewaltig im Leibe zu wühlen an. Völß sagte: Mir auch; ich sagte: Mir auch. Ich glaube, das kommt von dem Apfelsinawein, sagte Schuldt. Ich auch, sagte Völß; ich auch, sagte ich. Ich habe Eile, sagte Schuldt; ich auch, sagte Völß; ich auch, sagte ich. Wir schossen über den Platz. So stand da ein sechs Fuß langer Yankee mit einem Ofenrohr auf dem Kopf. Der betrachtete uns schon, als er uns von ferne sah. Work in Jindelman! Work in, onley feif Cents! Ich habe es so aufgeschrieben, wie er es sagte. Aber sein Gesicht kann ich nicht aufschreiben. Dann mußten wir noch zehn Cents dazu bezahlen. Aber es waren auch gestickte Gardinen davor, und das war auch was wert. Bloß die eine war unten links schon eingerissen, und seine Frau hatte es noch nicht wieder gestopft. Ich glaube, der andre hatte Krötenöl in seinen Wein gegossen. Ich glaube, Rizinusöl war auch damit verbunden. Ich glaube, die beiden wirkten gemeinschaftlich zusammen. Ich glaube, der lange Amerikaner hat in dem Sommer gute Geschäfte gemacht.

Es gab viel zu sehen auf der Weltausstellung. Die Heilsarmee kam mit Weinen und Seufzen, mit Singen und Beten, mit Fahnen und Halleluja anmarschiert. Dann standen sie still. Dann trampelten sie mit den Füßen auf der Erde rum, und mit den Händen schlugen sie gegen ihre Brust und verdrehten die Augen und machten damit einen großen Spektakel. Das geschah, weil sie uns mit aller Gewalt bekehren wollten. Wenn's nach ihnen ging, dann war Chicago mit seiner ganzen Weltausstellung gleichwie Sodom und Gomorrha. Und wenn da nicht Feuer und Schwefel niederfiel, dann war das bloß ihnen zu verdanken. So theaterten sie da rum mit ihrer Bekehrung, und die Menschen hörten ihnen zu wie dem Kattunhändler, der da an der Ecke seinen Kattun ausrief. Aber dann gingen sie weiter. Daß der Mensch mit seinem Beten in die Schlafkammer gehen und die Tür so'n bißchen hinter sich zumachen soll, das gilt nicht für Land Amerika. Eine andere Gesellschaft predigte da auch rum und wollte die Heiden bekehren. Die Heiden waren wir. Aber wir wollten uns nicht zu ihnen bekehren. Was meine Frau denn wohl gesagt hätte!

An der Ecke stand einer auf einer alten Kiste und predigte eine neue Lehre. Er wollte die Welt verbessern und gesund machen. Wenn er das getan hatte, dann sammelte der andre Geld ein. Der stand neben dem Kistenmann. Aber die meisten gingen weg, wenn er mit seinem Teller kam. Die Predigt von der Verbesserung der Welt und von ihrer Gesundheit wollten wir auch hören. So was kann man immer brauchen, wenn's nicht zuviel kostet. Wir drängten uns durch. Ganz vorn stand Krischan Hasenpot. Er wohnt auch in unserm County. Es gibt unterschiedliche Menschen. Die welchen sind so, und die welchen sind so, und zu der letzten Art gehört Krischan Hasenpot auch. Lieber Freund, ich kann dir mitteilen, er hat nicht recht seinen Klug (Verstand). Er ist so'n bißchen einsam in seinem Kopf. Meist sagt er nichts. Manchmal führt er wunderliche Reden in seinem Munde. Aber manchmal ist er lange nicht dumm. Der war es. Der stand vor, und an ihm predigte der Kistenmann rum. Erst von der Nervositätigkeit, woher sie kommt, woans sie sich regiert und daß sie eine Welt- und Menschenkrankheit ist über alle Krankheiten. Du hast ihr auch, sagte er zu Krischan. Ich sehe dir das an deinen Augen ab. Siehe, der Whiskyteufel ist in dich hineingefahren und hat ein halb Dutzend seiner Brüder mit sich gebracht, da sie in dir Wohnung machen und da regimentern. Du mußt das Trinken lassen und in einem nüchternen Leben wandeln. Bekehre dich, bekehre dich, daß die Teufel wieder von dir ausgehen. Sonst bist du übers Jahr ein toter Mann!

So drangen sie mit harten Worten in Krischan Hasenpot hinein und handschlagten wider ihn. Krischan hörte erst andächtig zu. Aber hat er in seinem Leben nie nicht einen Schluck getrunken, und als ihm der Kistenmann von den sieben Teufeln sprach und von seinem Saufen und ihm seinen Tod wahrsagte, da schüttelte er mit dem Kopf und sprach: Dat is en scharpen Tobak säd de Düwel, dunn hadd de Jäger em 'ne Ladung Schrott int Gesicht schaten. – Der da oben verstand kein Plattdeutsch, darum drang er noch kräftiger in ihn hinein. Um deinetwillen sind wir heute beide zu dir gekommen, mein Bruder und ich. Da sah Krischan sie ernsthaft an, nickköppte und sprach: Gleich und gleich gesellt sich gern, säd de Düwel, dunn ging hei mit 'en Afkaten (Advokaten) spazieren. – Aus der Ferne sind wir zu dir gekommen; das haben wir aus christlicher Liebe getan. Sie lobten ihn mit freundlichen Wörtern, daß er schon anfing sich zu bekehren; dazu umarmten sie ihn auf beiden Seiten. Er aber entwich ihren Händen, sah sie freundlich an und sprach: En schöner Gedanke, säd de Düwel, äwer dat kümmt ganz anders. – So hoben sie ihre Augen auf und stimmten einen Gesang an, daß sie die Menschen zu sich bekehrten. Als das fertig war, wischten sie sich den Schweiß ab, und Krischan sprach: Wo man singt, da laß dich ruhig nie- ner, säd de Düwel, un sett' sich in'n Immenschworm.

Als das geschehen war, da holten sie eine kleine Buddel aus der Kiste; die zeigten sie vor allem Volk und riefen: Das Weltheilwunder, das Weltheilwunder, das Weltheilwunder! Das Rezept stammt aus dem heiligen Lande. Vor dreitausend Jahren hat ein Engel es zu den Menschen gebracht, und dann ist es zu den Indianern gekommen. Die haben es wie ihren größten Schatz verborgen. Aber zu mir sprach der Geist: Faste, bete, gehe, suche, finde, lerne, heile! So hab ich es gefunden, und hier bringe ich es euch. Das Weltheilwunder! Das virgi- nische Zauberwasser! – Krischan reckte den Kopf hoch und sprach: Einfach, aber niedlich, säd de Düwel un strek sich den Swanz gräun an. – In wenigen Jahren hat es die Welt geheilt von einem Ozean bis zum andern, auch in Frankreich und Peru. Nach Afrika habe ich es den Missionaren geschickt, und die Kaiserin von Chinaland hat es für ihren Sohn kommen lassen. Es ist nur ein kleines Fläschchen, aber es bedeutet die Gesund- heit der Welt. – Krischan sprach: Beter wat as gor nicks, säd de Düwel und steck den Swanz in ne' Teertonn. – Seine Heilkraft ist so gewiß wie euer Tod. 5–10 Tropfen in einem Löffel mit Wasser vertreiben deinen Whiskyteufel und alle übrigen bösen Geister. Das virginische Zauberwasser und Weltheil- wunder ist das beste Mittel bei Schwindsucht und Ohrensau- sen, gegen Verstopfung und wenn man zuviel Öffnung hat. – Krischan sprach: Dat is gaut, dat einer dormit nicks tau duhn hett, säd de Düwel, dunn slögen sich twei Schornsteinfegers. – Wer blind ist und reibt sich die Augen damit ein, der wird wieder sehend. Aus Mexiko hat mir ein Offizier geschrieben. Dem hatten sie im Krieg ein Bein abgeschossen. So hat er sich damit eingerieben, und es hat geholfen. Er hat es mir selbst geschrieben. Hier ist der Brief mit seiner eigenen Unterschrift. Das Universal- und Weltheilwunder! Der virginische Zaubertrank! Heute nur ein Dollar die Flasche! Die Flasche heute nur ein Dollar!

Da gingen sie mit der Buddel und dem Teller rum. Aber es hat keiner gekauft. So sprach Krischan Hasenpot: Wat de Aal' in dit Johr doch dünn sünd, säd de Düwel, dunn hadd hei en Regenworm in de Hand.

Dann gingen wir wieder ins Deutsche Haus. Da mußten wir zehn Cents für ein Glas Bier bezahlen. Alle andern Plätze gaben es für fünf. Darum wurde ich verstimmt. Ich sprach: Die Deutschen sind schlimmer als die Yankees. – Oh, sagte er und lachte, schimpf doch nicht so. Du bist ja selbst ein Deutscher. – Da wurde ich wieder gut, aber die Zigarre kaufte ich nicht.

Dann kamen wir an einen andern Platz. Der Yankee stand davor und predigte: Hier kann man die ganze Welt für zehn Cents besehen! – Das ist billig, sage ich, da müssen wir rein. Aber da hingen bloß ein paar Bilder an der Wand; weiter war da nichts zu sehen. Ich sprach: Hier ist ja nichts zu sehen. Will der Kerl uns zum Narren halten? Aber da, hinter dem roten Vorhang, da wird die Welt wohl zu sehen sein. So hoben wir den Vorhang auf, und als wir ihn aufgehoben hatten, siehe, da waren wir wieder draußen und sahen die Welt, und in der Ecke nebenan lag noch ein Haufen Müll extra. Da mußten wir lachen und kamen an das Persische Haus. Da stand einer davor, der sprach: Hier liegt der König von Persien in einem Sarg und ist balsamiert! Nur 25 Cents. So antwortete ich und sprach: Du kannst mir deinen ganzen König von Persien geben, so wie er daliegt, in Essig oder in Salzlake. Er ist mir keine fünf Cents wert. Und am besten ist es, wenn du den alten Mann in Ruhe läßt, wo der doch hinüber ist und ein König war. Aber im Ägyptischen Haus haben wir uns den König Pharao aus der Bibel doch für 25 Cents anbesehen. Man bloß, er hatte sich sehr verändert und war gar nicht wiederzuerkennen. Na, er hat ja auch so lange im Roten Meer gelegen, und die weite Reise nach Chicago ist auch keine Kleinigkeit.

So kamen wir ins Türkische Haus. Da war ein echtes türkisches Mädchen. Die konnte Deutsch und Englisch. Die hatte seidene Halstücher zu verkaufen. Ich kuckte mir welche an, denn ich dachte an Wieschen. Sie sprach: Du bist der einzige Mensch auf dieser Ausstellung, der den Tuch für zweieinhalb Dollars kaufen kann. Alle andern haben fünf bezahlen müssen. Du mußt es aber nicht weitersagen. Da dankte ich ihr mit freundlichen Worten, das könnte ich ja gar nicht verlangen, und fragte sie nach ihrem Herkommen. Sie sprach: Ich bin aus Damaskus. Das ist die älteste Stadt auf der Erde. – Hoho, sagte ich, in unserm Dorf gibt es Häuser, die schreiben sich noch aus dem Dreißigjährigen Krieg her, und in Grabow sind welche, die sind noch älter. Aber sage mir: Wo liegt dein Damaskus? Da schnüffelte sie nach allen vier Winden und sagte: Dahinüber tät es liegen. Aber sie zeigte Nordwest.

Das hab ich mir gleich gedacht, sagte ich, du weißt mit den Himmelsrichtungen hier auch noch nicht recht Bescheid. – Oh, ich kenne Damaskus ganz gut. Das ist eine Straße, die da heißt die richtige (Ap. Gesch. 9, 11), aber da wohnst du wohl nicht ein. – Nein, meinte sie, die liegt denn wohl am andern Ende der Stadt. – Ja, das tut sie denn wohl. Aber du solltest mal sehen, daß du dich da einmietest, wenn du wieder zurückkommst. Schlag man in der Bibel nach, wo sie liegt. Da kuckte sie mich an wie ein Kuh das neue Tor, und ich ließ sie stehen. Ein paar Tücher für Wieschen kaufte ich nachher in der City.

Abends, als wir aus dem Zug stiegen und die Straße entlanggingen und ein großes Gedränge war, da sah ich einen Zylinderhut über die Straße rollen. Er kam den Leuten unter die Füße, und sie zertraten ihn. Ich sprach zu mir: Da hat auch einer seinen Hut verloren, das ist schade. Denn der Hut war noch neu. Hinter uns fing einer gewaltig an zu schimpfen. Ich dachte: Da schimpft einer, der es versteht. Den haben sie im Gedränge wohl tüchtig gestoßen. Es kann auch sein, daß ihm der Hut gehört. Schuldt sagte: Der Mann meint dich wieder. Du hast ihm seinen Hut abgelaufen, ich hab's gesehen. Ich wußte von nichts.

Zuletzt waren wir von der Ausstellung ganz satt und müde. So fuhren wir nach Hause. Der Zug ging um ein Uhr mittags. Wir standen auf dem Perron. Der war drei Fuß hoch, zwanzig Fuß breit und sehr lang. Er stand gedrängt voll. Ich sage zu Völß: Geh mal schnell um die Ecke zum Schlachter und hole Wurst, daß wir unterwegs nicht hungern. Wir haben aber bloß noch zehn Minuten. Gut fünf Minuten waren hin, der Wurstholer war noch nicht da. So sage ich zu Schuldt: Ich will mal schnell um die Ecke kucken, was er noch nicht kommt. Ich sause los. Er ist noch nicht fertig. Das Gedränge beim Schlachter ist zu groß. Endlich bringe ich ihn. Der Zug ist fort. Schuldt ist falsch und schilt: Du hast zu lange getrödelt mit deiner Wurst; eben ist mir der Zug an der Nase vorbeigefahren. Völß wurde auch falsch, daß der andere der Gerechte sein sollte und er der Ungerechte. Er sprach: Das war nicht nötig, daß er dir an der Nase vorbeifuhr. Woso nicht? Du brauchtest dich bloß umzudrehen, dann fuhr er dir am Achtersteven vorbei.

So vertrieben sich die beiden die Zeit mit Schelten, bis der nächste Zug kam. Mit dem fuhren wir dann los. Lieber Freund, ich kann dir mitteilen, das ist oft so im Leben. Wenn die Menschen ausziehen, dann sind sie ein Herz und eine

Seele, und wenn sie zurückkommen, dann zankt jeder wider seinen Nächsten. Aber bei der Wurst haben sie sich wieder vertragen, denn die Wurst war gut, und ich redete ihnen auch gut zu, daß sie sich wieder vertragen sollten. Da erhoben sie sich beide wider mich. Schuldt sagte: Sei du man still. Es war hohe Zeit, daß wir aus Chicago kamen. Wir wurden sonst noch eingesteckt um deinetwillen. Erst hast du die halbe Weltausstellung umgelaufen und eben noch einen Polizisten, daß er vom Perron auf die Straße und in den Rinnstein flog. Da lag er, so lang er war, und es regnete noch dazu, und der Hut rollte auf die Straße. Aber es hat ihm nichts geschadet. Er hat sich bald wieder aufgesammelt und sich gelacht. Als ich ihm beim Abwischen half, da sagte er: Ja, das hab ich nun für meine Gefälligkeit. – Nämlich als ich losschoß, da wollte er mich fragen, was mir fehlte. Aber er hat es nicht mehr vollbracht. Im Vorbeisausen muß ich ihn wohl so'n bißchen mit dem Ellbogen geschrapt haben, und da ist er runtergeflogen. Das ist möglich und wird wohl auch so sein. Aber ich wußte von nichts.

So, nun weißt du von allem Bescheid, und das kann ich dir noch sagen: Nach so einer Weltausstellung bringen mich keine zehn Pferde wieder hin. Das kostet auch alles viel Geld. Knapp, daß sie einem das Fell lassen.

Johannes Gillhoff

DOMPREDIGER M. H. LANGE IN HALBERSTADT

Als ich mein Amt als Hofprediger in Halberstadt im Frühjahr 1874 antrat, amtierte am Dom Pfarrer Martin Hugo Lange. Eine hochgewachsene Gestalt, hager, aber breitschultrig, bartlos, offenen freundlichen Auges, frisch und lebendig, immer im langen schwarzen, vorne meist offenen Lutherrock, gegen 56 Jahre alt, schon seit 1853 in Halberstadt. Er war dort seit langem eine stadtbekannte Gestalt, wenn er, den festen hochgebogenen Hirtenstab in der Hand, den schwarzen niedrigen Filzhut auf dem Kopf, in mächtigen Schritten weit ausholend über den Domplatz und durch die Straßen schritt. Schon seit langen Jahren war er ein weithin bekannter Glaubenszeuge. Sein frischer, furchtloser Zeugenmut, seine mächtige Zeugniskraft, verbunden mit hoher dichterischer Begabung und der eigenartigen Urwüchsigkeit, die sein ganzes Wesen durchdrang, hatten ihm ungesucht und ungewollt einen weithin reichenden Ruf verschafft.
In freister Ungebundenheit kam sein Zeugnisdrang natürlich auf der Kanzel, in der Predigt zutage. Seine Predigtweise trug ein zwiefaches, fast gegensätzliches Gepräge. Einerseits die begeisterte Verkündigung des biblischen Evangeliums mit großem, dichterischem Schwung und oft hinreißender Kraft. Andererseits der unbezähmbare Trieb, die Hörer mit allen Mitteln, auch den ungewöhnlichsten, zum Aufmerken zu zwingen und vor dem Einnicken zu bewahren. Mir wenigstens hat er das selbst als Beweggrund angegeben für die mancherlei

Scherze, drolligen Wendungen, Derbheiten und für die kind-
lich-drastische Ausmalung biblischer Stoffe und Geschichten,
die er oft in die Predigten einzuflechten liebte. „Wenn sie nur
nicht schlafen", meinte er, „dann ist schon viel gewonnen."
Ich konnte ihm darin nicht zustimmen.
Gleich der Eingang zur Predigt war schon immer darauf zuge-
schnitten, aufzuwecken und Spannung zu erregen. Erst las er
den Schrifttext vor, dann folgten ohne jeden Übergang gleich
Thema und Disposition, letztere oft gereimt oder sonst in
tunlichst prägnanter, packender Form, beides mit gehobener
Stimme zweimal hintereinander. Dann: „Zu dieser Betrachtung sammeln wir uns in stillem Gebet", Niederknien auf der
Kanzel, stille Gebetspause, Wiederaufstehen, und nun frisch
in die Sache hinein. Wenn die Disposition etwas urwüchsig
klang, machte sich das öfter sonderbar. Z. B. an einem Sonntag: Text Matth. 23, 5: „Sie machen ihre Denkzettel breit und
die Säume an ihren Kleidern groß." Thema: „Heute werden
Röcke ausgeklopft! Heute werden Röcke ausgeklopft! Erstens
der Priesterrock, zweitens der Sonntagsrock. Erstens der Priesterrock, zweitens der Sonntagsrock. Zu dieser Betrachtung
sammeln wir uns in stillem Gebet." Wer nach der Gebetspause nicht gespannt war, dem war nicht zu helfen. Das Aus-
klopfen – ich war nicht selbst zugegen – soll dann auch sehr
kräftig ausgefallen sein. An einem andern Sonntag – ich gebe
nur wieder, was zu meiner Zeit vorgekommen ist –, im Winter bei großer Kälte, fing er nach der Gebetspause an mit den
Worten: „Heute blühen mal wieder die Rosen an der Nase wie
das Veilchen im Grase." Das war freilich nicht zum Einschla-
fen, auch nicht in der ungeheizten, schneidend kalten Dom-
kirche.
Die erste Predigt, die ich selbst von ihm gehört habe, zeigte
gleich sehr deutlich dieses Doppelgesicht in seiner Predigt-

weise von großem Ernst und drastischem Humor. Text: Jesaja 35, 10: „Die Erlösten des Herrn werden wiederkommen mit Jauchzen … Freude und Wonne werden sie ergreifen, und Schmerz und Seufzen wird entfliehen." Thema: Menschenleid und Gottes Trost. Zuerst eine erschütternde Wirklichkeitsschilderung des Weltelendes in seiner vielgestaltigen, schauerlichen Größe. Dann mit plötzlichem Einhalten in ganz anderem Tone: „Guten Morgen, Herr Nachbar! Wohin? Was haben Sie da in der Hand?" – „Ich will nur eben meine Bibel zum Buchbinder bringen, er soll mir die Klagelieder Jeremiä zusammenkleben, ich habe keinen Gebrauch dafür. Mir geht es vorzüglich, bin wohlauf, guten Schlaf, gutes Essen, keine Sorgen. Ich bin in der Feuerversicherung, Wasserversicherung, Lebens-, Krankheits-, Unfall-, Einbruchs-, Hagelversicherung usw. Mir kann nichts passieren." Dann nach niederschmetternder Zerstörung so kindischer Sicherheit hieß es weiter: „Ein Hiob, dem alles genommen ist, ringt in seiner Kammer verzweifelt die Hände. Da klopft es! Herein! Ein tritt die Muhme Welt mit ihrem geschwätzigen Trösten: Man muß nur nicht soviel grübeln, muß dem Schmerz nicht nachhängen. Unter die Menschen gehen, Konzert, Theater, Stammtisch, kleine Ausflüge, eine kleine Reise nach der Schweiz, das bringt auf andere Gedanken. Da der windige Trost nicht anschlagen will, geht die Muhme davon. Aber es klopft schon wieder. Nach der Muhme Welt kommt die Base Zeit, die das Gewäsch in ihrer Weise fortsetzt: Mit der Zeit findet sich alles, es kommen auch wieder bessere Zeiten, nach Jahr und Tag denken Sie nicht mehr daran, die Zeit heilt alle Wunden usw." Und nun erst, nach vernichtender Geißelung alles windigen und nichtigen Trostgeschwätzes, der ewige Gottestrost, aus der Tiefe des Evangeliums geschöpft, mit hoher Begeisterung in seiner nie versagenden Kraft und Herrlichkeit verkündigt: Ewige Freude wird über eurem Haupte sein, und Schmerz und Seufzen werden entfliehen!

Es konnten wohl auch einige Sonntage vergehen, ohne daß der Ernst seiner Predigt durch solche Einfälle unterbrochen wurde. Ein kürzlich eingeführter Spezialkollege Langes, der neue Oberdomprediger Superintendent J., erzählte mir bei einem Besuch, den er mir machte, er habe nun schon dreimal Lange vormittags oder nachmittags predigen hören, habe aber von den Wunderlichkeiten, die man ihm nachsage, noch gar nichts gemerkt. Ich sagte: „Warten Sie nur, Sie werden's bald hören, wahrscheinlich hat er sich vor dem Neuen noch etwas geniert." Gleich den folgenden Sonntag kam gegen Abend Superintendent J. wieder zu mir gelaufen: „Sie haben recht gehabt, heut ist es doppelt nachgekommen. Heute hat er über die Auffindung des Moseknäbleins in Ägypten gepredigt, hat zuerst die hebräischen Hebammen, die er mit Namen kannte, in ihrem Geschäft sehr deutlich geschildert und in ihrer Gottesfurcht gepriesen. Und als er auf das ausgesetzte Moseknäblein kam, hat er eine Gottesstimme reden lassen: O du armes Würmlein! Wenn ich nicht gewesen wäre, als du da in deinem Zigarrenkistchen auf dem Nile schwammst, was wäre aus dir geworden, wenn nun ein Krokodil gekommen wäre und hätte gemacht schwabb?"

Auch von seinen Amtshandlungen wurde mancherlei erzählt. Ich gebe nur eins wieder, was zu meiner Zeit in einer mir bekannten Familie bei einer Beerdigung vorkam. Am offenen Grabe übte Lange Kritik an einer soeben gehaltenen Grabrede seines eigenen Kollegen, des damaligen Oberdompredigers. In der Domgemeinde hatten bei einem Begräbnis erster Klasse beide Domprediger am Grabe zu amtieren, der eine, nach Wahl der Hinterbliebenen, mit der Grabrede, der andere mit dem anschließenden Grabgebet. Diesmal galt es die Beerdigung eines erst im Vorjahr von dem Oberdomprediger konfirmierten jungen Mädchens. Die Mutter hatte dem Oberdomprediger bei dessen Besuch erzählt, die Entschlafene habe auf ihrem Krankenlager öfter in Geroks „Palmblättern" gelesen, die sie von einer Seite als Konfirmationsgeschenk erhalten habe. Das gab dem Redner erwünschten Anlaß, die Grabrede vorn, hinten und in der Mitte mit zahlreichen beweglichen Versen aus Geroks Gedichten auszuschmücken. Dann trat Lange auf mit einem sehr ernsten Gebet von Tod, Gericht und Ewigkeit. Und mitten drin kam plötzlich die Wendung: „Bloß mit dem Gerok können wir, o Gott, vor dir nicht erscheinen und bestehen. Dazu gehört ein ganz anderer Rock, der nur den Bußfertigen geschenkt wird, der Rock der Gerechtigkeit Christi, von dem geschrieben steht: Er hat mich angezogen mit Kleidern des Heils und mit dem Rock der Gerechtigkeit gekleidet." Der Oberdomprediger hat, weil es doch Lange war, das auch nicht weiter übelgenommen.

Siegfried Goebel

DIE BEIDEN ÄRZTE

Kürzlich erschienen zwei junge Ärzte in einer kleinen Stadt, welche wahrscheinlich in einer großen keine Anstellung erhalten hatten, und wollten dort Wunder tun; sie kündigten an, daß sie nicht nur fast jede Krankheit zu heilen imstande wären, sondern auch Tote wiederzuerwecken vermöchten. Anfangs lachten die Leute in der kleinen Stadt; aber die Bestimmtheit, mit welcher die beiden Fremden von ihrer Kunst sprachen, machte die Leute bald bedenklich. Als diese gar erklärten, sie wären bereit, nach drei Wochen an dem und dem Tage auf dem Gottesacker irgendeinen Toten, den man bezeichne, wieder in das Leben zu rufen, und als sie zu größerer Sicherheit selbst darauf antrugen, man möchte sie drei Wochen über bewachen, damit sie nicht entweichen könnten, geriet das Städtchen in eine seltsame Aufregung. Je näher der entscheidende Tag herankam, um so mehr wuchs erst geheim, dann öffentlich der Glaube, bis endlich die Vernünftigen nicht einmal mehr ihre Zweifel äußern durften.

Am Tage vor dem großen Wunder auf dem Kirchhof erhielten die beiden Freunde einen Brief von einem angesehenen Mann der Stadt; darin hieß es: „Ich hatte eine Frau, die ein Engel war; aber mit vielerlei Leiden und Gebrechen war sie behaftet. Meine Liebe zu ihr war unbeschreiblich; aber eben um dieser Liebe willen gönne ich ihr die ewige Ruhe, es wäre schrecklich für sie, die jetzt so glücklich sein wird, wenn sie in ihre zerrüttete Hütte zurückkehren müßte. Ich zittere vor dem Gedanken, daß es vielleicht gerade meine Frau sein könnte, welche Sie bei Ihrem Versuch auf dem Kirchhof wieder ins Leben zurückbringen. Verschonen Sie um Gottes willen die Selige mit Ihrer Kunst und erlauben Sie mir, daß ich Ihnen beiliegende fünfzig Louisdor (Goldstücke) zustelle, als ob die Sache wirklich geschehen wäre!" Dieser Brief war der erste; eine Menge ähnlichen Inhalts folgte ihm nach. Ein Neffe war schrecklich besorgt um seinen Onkel, den er beerbt hatte. Schrecklich sei es dem lieben Onkel sein Lebtag gewesen, schrieb er, wenn ihn jemand geweckt hätte; was er erst jetzt empfinden müßte, wenn jemand ihn aus dem Todesschlafe wecken würde! Er halte es in seiner Pflicht, ihn vor solcher Gewalttat zu schützen, indessen erbiete er sich zu einer ansehnlichen Entschädigung. Untröstliche Witwen erschienen plötzlich persönlich mit inständigen Bitten, nichts gegen Gottes Willen, in den sie sich mit unglaublichen Anstrengungen zu schicken begönnen, zu tun; es könnte nicht gut kommen.

In der allergrößten Angst waren jedoch die beiden Ärzte des Städtchens; sie liefen umher wie brönnig Manne (wie begossene Pudel); sie fürchteten, ihre Patienten, welche sie unter die Erde gebracht, möchten wieder zum Vorschein kommen und ausschwatzen, was sie jenseits vernommen.

Der Bürgermeister, der noch nicht lange im Amt war und manchen Vorgänger unterm Boden hatte, erhob sich endlich auf einen allgemeinen Standpunkt; er bedachte, daß unter so bewandten Umständen die Ruhe der Stadt durchaus nicht zu erhalten wäre, wenn die Toten wieder zum Vorschein kommen sollten. Er erließ daher ein halboffizielles Schreiben an die beiden Wundermänner, in welchem er sie aufforderte, in der ihm von Gott anvertrauten Stadt von ihrer Kunst keinen Gebrauch zu machen, sondern sogleich abzureisen und hier es beim alten bewenden zu lassen. Dagegen erbot er sich, ihnen viel Geld aus dem allgemeinen Säckel zu zahlen und ihnen ein Zeugnis auszustellen, daß sie wirklich imstande seien, Tote aufzuwecken. Die beiden Wundermänner antworteten, aus Gefälligkeit und weil er es wäre, wollten sie sich mit dem Anerbieten begnügen, nahmen Geld und Zeugnis und schoben sich. Es heißt, sie hätten ihren Weg nach der Schweiz genommen.

Jeremias Gotthelf

ZÜNFTIGE SCHIFFER

Wir Buben in Hasle kannten die Flötzer alle am Dialekt. Die Schiltacher und die Schenkenzeller, welche letztere die Flöße der Alpirchsbacher Schiffer brachten, schwäbelten weit mehr als die von Wolfe, die Schiltacher am stärksten.

Die durstigsten waren die von Wolfe, die derbsten die von Schilte. Diese waren aber auch Kraftgestalten, und ihren prächtigen, stark schwäbischen Dialekt hörte ich am liebsten, lieber als die alemannischen meiner Heimat.

Der derbste war der rot' Jos, dessen Haare schon von weither leuchteten, wenn er auf dem Floß daherfuhr und wir Buben auf der Kinzigbrücke zu Hasle stunden. Ihm riefen wir im Schiltacher Dialekt zu: „Rauter, hausch (hast) ou (auch) schon a Schoppe ghau heit?" Da schimpfte der Jos teufelmäßig, während er unter der Brücke durchfuhr. Kamen Schiltacher Flötzer ohne den Roten, so machten wir sie wild, indem einer von uns hinunterrief: „Flötzer, wo haunt ihr den Raute g'lau?" Sie wurden jeweils teufelswild und wetterten: „Gau (geh) hoim, dau (du) Esel dau oder dau kriegst a Stange auf dei Eselskopf nauf g'schlage!" Oder: „Gau hoim und b'schau dei Muatter, des isch au a Raute!" Die Schenkenzeller hatten allein noch das uralte Privileg der Flößerknechte, das darin bestand, daß abwechselnd jeder auf seine Rechnung auf dem Floß eine Partie Bretter mitführen durfte. Es hieß dies Privileg „der Katzenfloz". Wie eine Katze auf dem Tisch, so lag das kleine Floß des Knechts auf dem großen seines Herrn, daher der Name.

Zu den Schenkenzellern gehörten in meiner Knabenzeit der Bachvogt Wolber in Wolbersbach, von dem heute noch ein geflügeltes Wort durchs Kinzigtal geht. Als ein Floß aus dem Kaltbrunn im Reinerzauer Bach lag, der bei Schenkenzell in die Kinzig mündet, und nicht in diese geschafft werden konnte, weil er „nicht laufen" wollte, kam ein anderes Floß aus dem hinteren Teil des Baches daher und konnte, da dieser zu schmal war für zwei Flöße und der erste still lag, nicht passieren. Da erschien der Amtmann mit dem Bachvogt Wolber und fragte diesen, ob man nicht den hinteren Floß über den vorderen wegfahren lassen könne. Nun legte der Vogt vor allen Flötzern seinen Zeigefinger auf die Stirn, schaute den Amtmann an und sprach: „O, wie dumm, Herr Amtmann!" Seitdem, wenn einer was recht Gescheites gesagt und der andere begreift's nicht, heißt's im oberen Kinzigtal: „O, wie dumm, Herr Amtmann!"

Hatten sie gute Fahrt gemacht, die Wald- und Wasserleute, so fuhren sie auf einem Leiterwagen daher; hatten sie lange Fahrt gehabt und wenig verdient, so kamen sie zu Fuß das Tal herauf, ihre gewaltigen Äxte auf der Schulter und daran die Tauringe hängend. Es waren lauter wetterharte Männer, die im Winter im Wald, im Sommer auf dem Wasser ihr Leben zubrachten.

Einer der Wolfacher hieß der Birekorb, ein anderer der Ruß', weil er einer der wenigen gewesen war, die, mit Napoleon nach Rußland gezogen, heimkehrten. Der Ruß' hieß nach seinem Vornamen auch der „Remigi", der in meiner Knabenzeit einmal bei Steinach unter das Floß kam. Da es lange ging, bis seine Kameraden ihn wie leblos unter demselben hervorbrachten, so hielten sie ihn für tot. Der Muserle schrie ihm noch in die Ohren: „Remigi, glaubst du an die heiligste Dreifaltigkeit?" Der Remigi schwieg, und jetzt erklärte ihn der

Muserle für maustot. Sie holten im Dorf Steinach einen Karren, legten ihn darauf und führten ihn zum Adlerwirt in dessen Hausflur. Die schweren Flößerstiefel müssen aber dem toten Remigi ausgezogen werden. Doch sie sind zu naß und halten zu fest am nassen Leib und gehen nicht. Der Birekorb meint: „Wir schneiden sie auf!" Das hört der Remigi und ruft plötzlich: „Laßt mir meine Stiefel ganz!" „Er lebt, er lebt!" schreien die Kameraden, bringen den Russen in ein warmes Bett, und am anderen Tag ist er wieder kreuzfidel und hat noch manchen Floß ins Land gefahren und manchen Schoppen getrunken beim Frankfurterhans. Aber er mußte noch oft hören: „Remigi, glaubst du an die heiligste Dreifaltigkeit? Und wenn die Wolfacher Flößer in Hasle durchfuhren, gab es böse Buben genug, die ihnen zuriefen: „Glaubt ihr an die heiligste Dreifaltigkeit?"

Heinrich Hansjakob

WASSER-EMILE

Wir nannten sie scherzend auch die „Wassernymphe". Ihrem Aussehen verdankte sie freilich diesen poetischen Namen nicht; denn ach, sie war von der Natur mehr als stiefmütterlich behandelt worden. Krumme Beine, die sie selbst nie anders als ihre „Röhrle" nannte, und darauf ein unförmlicher Körper, sehr kurze Arme und dicke, stumpige Finger: das war der Gesamteindruck. Des Näheren dann ein Stirnlein, das aus drei nicht sehr dicken Runzeln bestand, aus deren Zwischenräumen man schließen konnte, daß das Sichwaschen nicht der Nymphe Liebhaberei war. Der Zopf glich mehr einem Schwänzlein, und auf dem Kopfe zeigten sich, wahrscheinlich infolge schweren Tragens, ganz kahle Stellen. Weiter nannte sie zwei Zähne, ein näselndes Stimmchen und ein Paar freundliche, winzig kleine Äuglein ihr eigen.

Einst, ehe die Leitung gelegt war, pflegte sie uns das Wasser ins Haus zu tragen. Daher der Name.

Täglich kam sie von einem Vorort Stuttgarts in die Stadt, einen Korb von bedeutendem Umfang am Arm und drin einen gewichtigen Topf. Der war nämlich zur Aufnahme der Mahlzeitsreste des ganzes Hauses bestimmt. Mit Bewunderung sahen wir oft zu, wie sie mit ihren stumpigen Fingern die Schüsseln ausstrich und Süßes und Saures, Festes und Flüssiges alles durcheinander in ihrem Topf vereinigte. „'s kommt älles en den Maga", sagte sie dabei, und ihre Äuglein glänzten vor Gier. Kaum konnte sie erwarten, bis sie nach Hause kam und mit ihrer Schwester die Melange (Mischung) teilen konnte. An Regentagen erschien Emile mit einem riesengroßen, zwölfteiligen Regenschirm von blauer Farbe, dessen mächtiger, messingener Griff ihr ganzer Stolz war. Als sie einmal damit beschäftigt war, die Falten dieses Ungeheuers zu ordnen und dasselbe mit einer Zuckerhutschnur zusammenzubinden, setzte ihr ein junger Herr im Haus schnell ein kleines Kätzchen neben den Topf in den Korb hinein und machte unbemerkt den Deckel darüber zu. Das junge Tierchen war zugelaufen, und niemand im Hause stritt sich sonderlich darum.

Am andern Tag aber kam Emile und erzählte unter Freudentränen das Wunder. Schon unterwegs habe sie manchmal gemeint, ein Kätzchen schreien zu hören, dann aber wieder geglaubt, sie täusche sich. Ihre Freude könne sie uns aber unmöglich schildern, als beim Abheben des Deckels das Tierle herausgesprungen sei. Nun sei doch ihre Schwester nimmer so allein, wenn sie selber nach Stuttgart gehe. Überdies sei ein Kätzle eigentlich billiger zu verhalten als z. B. ein Vögele, das „Hanfsome" esse.

Wie aber das Kätzle in den Korb hineingekommen sei, darüber machte sich Emile keine weiteren Gedanken. „Durch a Wunder", erklärte sie einfach.

Jeden Satz fing sie mit „ach du lieber Gott" an. Das konnte man ihr nicht abgewöhnen. Der häufige Verkehr in der Stadt blieb aber trotz des niederen Stirnleins nicht ohne bildenden Einfluß auf sie. Sie fing an, allerlei Fremdwörter zu gebrauchen. Vor unserer Sommerreise bat sie uns dringend, ihr doch eine Karte oder vielleicht einen Brief zu schicken. Man sei im Ort ganz „anderscht eschtomiert" (ganz anders geachtet), wenn hie und da auch der Briefträger ins Haus komme. Rührend war's dann, wenn sie uns bei unserer Rückkehr berichtete, welches Fest die Ankunft des Briefes für sie gewesen sei.

Nur einmal war sie bei solcher Gelegenheit schwer enttäuscht. Wir schrieben ihr nämlich damals einen Kartenbrief, den sie recht nichtssagend fand; denn weder ihr noch ihrer Schwester kam der Gedanke, daß das Ding zu öffnen sei. Uneröffnet brachte sie uns nach Monaten das Schriftstück zurück und war höchlich erstaunt über seinen Gebrauch.

Dankbar, wie das gute Emile war, hatte sie von Zeit zu Zeit auch das Bedürfnis, uns eine Freude zu machen. Da brachte sie im Frühjahr die ersten Vergißmeinnicht, mit einigen Grasbüscheln versetzt, vom heimatlichen Bächlein oder später dicke Dotterblumen, die lebenssatt die Köpfe hängen ließen. Eines Sonntags trat sie wieder an, diesmal aber mit ungleich verheißungsvollerer Miene, in der Hand ein zierliches, graues Säcklein, das sie uns als ihr Geschenk überreichte. Emiles Äuglein gingen erwartungsvoll von einer zur andern: „Jo, Ihr werdet gucka . . .“

Wir guckten allerdings, etwas verständnislos anfangs, als sich in dem geöffneten Säcklein eine Menge kleiner, schwarzer Kügelchen zeigte. Emile suchte der freudigen Wirkung etwas nachzuhelfen, indem sie auf die Blumenstöcke auf der Fensterbank deutete und sagte: „Obeds (am Abend) goht als a Herd Goißa (Geißen) an userm Häusle vorbei. Mer hent lang z'sammlet g'het, bis a Säckle voll gä (gegeben) hot . . .“ Da verstanden wir und hatten nur Mühe, unsre Fassung zu bewahren und das gute Emile nicht durch unsere Heiterkeit zu kränken.

So verging manches Jährlein. Emile berichtete uns immer treulich, was sie an Freude und Leid erlebte. Eine Hochzeit besonders, bei der es Gugelhopf (Napfkuchen) und Kartoffelsalat gegeben habe und „multum“ (viel) Menschen dabei gewesen, die „die Schwane“ (der „Schwan“) kaum gefaßt hätte, war der Höhepunkt ihres Erlebens.

Aus dem Kätzlein war eine Katze geworden, die von dem Schwesternpaar fortgesetzt große Liebe erfahren durfte. Des armen Emiles Gang wurde aber von Tag zu Tag stolpriger, und eines Tages versagten die „Röhrle" den Dienst ganz. Ihre Schwester kam, uns dies zu melden, und fragte gleichzeitig an, ob nicht sie jetzt die Speiseüberbleibsel holen dürfe, weil eben ihre Schwester jetzt schon an die kräftige Kost gewöhnt sei. Jetzt war's ihr eine Beruhigung, Emile nicht allein zu Hause zu wissen. Als ob die Katze die beste Krankenpflegerin der Welt wäre!

Leider stellten sich bei der armen Emile bald auch Beschwerden anderer Art ein. Aber auch in ihren Krankheitstagen war sie immer zufrieden und freute sich wie ein Kind namentlich über Besuche. Vom Arzt verlangte sie zu wissen, ob sie bald sterben werde. Sie fürchte sich gar nicht, sondern freue sich nur auf den Himmel.

Obwohl der Arzt ihr Ende noch nicht so nahe glaubte, bat sie die Schwester, an den nur einige Stunden entfernt wohnenden Bruder zu schreiben. Sie möchte ihn vor ihrem Tod noch einmal sehen.

Der Bruder kam und brachte auch gleich einen Kranz mit, den er weinend der kranken Schwester zeigte. Diese war tief gerührt über ihres Bruders Güte, betrachtete und bewunderte den Kranz von allen Seiten und bat dann die Schwester, ihn doch ins Kellerle zu tragen, damit er ja bis zur „Leich" frisch bleibe.

Am andern Tag schlief sie ohne Kampf ein, und die Schwester konnte des Lobs kein Ende finden über ihren edlen Bruder, der dem guten Emile mit dem Kranz noch die letzte große Freude gemacht hat.

Marie Josenhans

MEINE SCHLÜSSELBÜCHSE

Unser alter Schulmeister Kohler behandelte eines Tages „Petri Bekenntnis" mit uns in der Schule. Im Anschluß daran zeigte er uns noch ein schönes Bild von Petrus mit den Schlüsseln des Himmelreichs.

Diese stachen uns gewaltig in die Augen, und wir Buben hingen mit so großer Liebe daran, daß wir die Lehren und Ermahnungen unseres braven Lehrers darüber völlig vergaßen.

Mein Nebensitzer, das Christen-Buben-Adamle, stieß mich mit dem Ellenbogen recht liebevoll in die Seite und sagte heimlich zu mir: „Oh, guck' au, des gäb a bar schö' Schlüsselbüchsa!" Ich muß gestehen, daß ich ähnlich erbauliche Gedanken in der Seele hegte und das Lachen nicht ganz verheben konnte.

Aber unser alter Schulmeister mußte es trotz seiner großen Kurzsichtigkeit bemerkt haben und bockelte (schlug) mir plötzlich mit seiner silbernen Schnupftabakdose so arg auf den Hirnkasten, daß ich fast einen Schwindel bekam.

Ja, die Schlüsselbüchsen! Die richteten bei uns Buben manches Unheil an. Jeder von meinen Kameraden hatte eine, die ganz gehörig knallte.

Ich hätte natürlich auch gar zu gern eine gehabt und schnüffelte wochenlang in allen alten Schränken herum, ohne zum Ziel zu gelangen. Zuletzt stahl ich in der Not den hohlen Schlüssel an unserer Mehltruhe auf der Bühne droben. Als ihn Mutterle vermißte, jammerte es mehrere Tage durch und sagte: „Ich möchte nur auch wissen, wo auf einmal der Schlüssel von der Mehltruhe hingekommen wär. Der kann doch beim Höll auch keine Füße bekommen haben!" Wenn Mutterle „beim Höll" sagte, dann war es sehr aufgebracht. Aber es half alles nichts, der Schlüssel kam nicht heraus.

Ich hatte nämlich bei des Obermanns Gottliebe aus dem gerapsten Schlüssel eine Schlüsselbüchse gemacht und sie meinem Kameraden zum Aufheben gegeben, weil ich fürchtete, meine Mutter könnte sie in unserem Geißenstall, wo ich sie unter einem Backstein versteckt hatte, zuletzt aufgabeln, und dann wäre mir's mehr als schlecht ergangen.

So eine Schlüsselbüchse war ein ganz feines, handliches Ding. Der Ring wurde mit einem Hammer zuerst vom Schlüssel weggeschlagen, dann mit einer dreikantigen Feile hinten an der Röhre ein kleines Zündloch hineingefeilt. Hierauf wurde diese in ein Holz, das ein Knie oder einen Bogen hatte, mit dem Messer „eingelassen" und mit Draht festgebunden. Das war die ganze Geschichte.

Aber halt, ich muß noch erzählen, wie so ein „Geschütz" abgefeuert wurde. Da wußten wir Buben uns stets leicht zu helfen: Wir hieben eine Rute von einer Weidenhecke, machten oben mit dem Messer ein kleines „Schnitzle" darein und steckten einen Fetzen Zundel in das Spältchen. War der Zundel mit einem Streichhölzchen angezündet, dann konnte das Geschäft in aller Seelenruhe besorgt werden.

Zu beachten hatte man freilich sehr dabei, daß man den Arm, mit dem man so eine Schlüsselbüchse hielt, fest streckte und steif machte, denn die Dinger stießen manchmal ganz gewaltig.

Als ich den ersten Schuß losgebrannt hatte, gab's ein großes Hallo in der Mooswies drunten bei allen Buben im „Unterländle" (Unterdorf). Ein Junge wollte mit mir handeln um seine Schlüsselbüchse, die ihm plötzlich gar nimmer gefiel. Im ersten Eifer wollte er mir ein altes Stahlmesser als Aufgeld geben. Aber ich hatte einen zu großen Stolz auf meine Schlüsselbüchse, die nach seiner Meinung wie ein Böller tat, und handelte nicht mit ihm, was ihn jämmerlich verdroß. Später setzte er dann meine Schlüsselbüchse sehr herab, aber ohne sie damit mir „verleiden" zu können.

Unsere etwas wunderliche Nachbarin, die Gerstenäcker-Lies, sah gar nicht gut zu unserer Schießerei. Sie sagte, wir werden solange nicht nachlassen, bis noch einer um die Finger oder um die Augen komme.

Einem Kameraden, dem Malekutt, hätte es fast einmal geblüht. Er hatte seine Schlüsselbüchse zu fest geladen; denn er wollte, daß sie so arg „knöllte" wie die meine. Aber die Sache ging nicht gut. Sie zerriß, und er wurde an mehreren Fingern stark „bässiert", da er sich zu „mausig" (frech) gemacht und die Schlüsselbüchse nicht weit genug hinausgehoben hatte, fuhren ihm Pulverkörner ins Gesicht, daß er so schwarz aussah wie ein „Kolosser".

Weil uns die Gerstenäcker-Lies immer beschwätzte und uns um keine Welt in Ruhe lassen konnte, machten wir miteinander aus, ihr es gehörig heimzugeben.

An einem Abend, als sie eben die „Oberten-Leiter" hinaufging, ließ ich meine Schlüsselbüchse los zu ihrem Scheunentor hinein. Vor Schreck fiel sie fast die Leiter herab, packte dann aber die „nächste beste" Heugabel und rannte uns nach wie verrückt. Sie war ganz fuchsteufelswild und hätte uns gehörig das Hinterteil „vertäfert", wenn sie einen erwischt hätte. Aber da hatten wir zu flinke Beine.

Ihre Flut von Schimpfwörtern beantworteten wir mit einem „saumäßigen" Gelächter und drehten ihr lange Nasen. So mußte sie unverrichteter Sache abziehen.

Das ärgerte sie nun vollends fast zu Tode, und auf frischer Tat sagte sie alles meiner Mutter. Als ich heimkam, hatte diese schon das Seil in der Hand und gab mir gleich unter der Haustüre „aus dem Salz". So hatte ich denn meinen wohlverdienten Lohn erhalten.

Zu guter Letzt muß ich noch erzählen, wie ich nach einigen Wochen auf eine recht ärgerliche Weise um meine gute Schlüsselbüchse gekommen bin.

Wir hatten einen scharfen Landjäger im Ort. Er hieß Springmann. Der Name paßte gut zu ihm. Er konnte springen wie nicht leicht einer. Weil wir Schlingel jeden Abend in der Mooswies schossen, daß „Hamburg wackelte", wurde der Landjäger aufmerksam auf unsere Umtriebe.

Eines Abends sprang er vom „Oberländle" (Oberdorf) zur „Bruck" herab und rief sehr entrüstet, er möchte nur auch wissen, was denn jeden Abend für eine Schießerei da unten sei. Mein Kamerad, des Obermanns Gottliebe, ging gerade an der „Bruck" vorbei und hörte den Landjäger schimpfen. Da ging's ihm vor Angst fast in die Hosen.

Daheim nahm er gleich eine Hacke und vergrub seine und meine Schlüsselbüchse, wie er mir sagte, in einer Ecke seines Krautgartens.

Er glaubte nämlich, es gäbe eine Hausdurchsuchung, und alle, bei denen man eine Schlüsselbüchse finde, kommen in den „Kratzturm" nach Balingen. Vielleicht hatte seine Ahne ihm den Floh in die Ohren gesetzt.

Genug, meine schöne Schlüsselbüchse verrostete und verfaulte mit der meines Kameraden in seinem Garten. Es war nicht ihr beschieden, ein so rühmliches Ende zu finden wie des Malekutt.

Nun war Ruhe im Land, und die brave Gerstenäcker-Lies konnte wieder ungestört ihre Scheunenleiter hinaufsteigen.

Matthias Koch

DER FASANENSCHWANZ

Meine Lehrjahre brachte ich am Hofe eines Herzogs als Jäger-
bursche zu. Dieser Herr hatte außer der Wildjagd eine besondere Passion fürs Geflügel und vergeudete unsinnige Summen,
um jederzeit das Kostbarste und Seltenste dieser Gattung zu
haben. Wehe dem, der einen ausgezeichneten Vogel irgendeiner Art besaß! Sobald der Herzog davon hörte, mußte der
Vogel herbei um teures Geld, wenn der Besitzer so klug war,
sich die Leidenschaft des Fürsten zunutze zu machen; wenn
aber einer hartnäckig auf seinem Eigentum bestanden wäre, so
wär' es ihm, glaub' ich, nicht besser gegangen als dem Naboth
mit seinem Weinberg. Doch war dies nur mit geringeren
Vögeln der Fall; vornehmeres Geflügel konnte gar niemand
blicken lassen, wenn er sich nicht der Gefahr aussetzen wollte,
geradezu eines Diebstahls bezichtigt zu werden, und freilich
geschah es auch meist auf diesem Wege, daß die Vogelhäuser
und Käfige der Residenz sich mit seltenen Gästen bevölkerten;
aber nur die vertrautesten Freunde des Besitzers, gewöhnlich
seine Mitschuldigen, wußten etwas von deren Dasein. Sie
waren streng bewacht, eine geheime Augenweide bis zum
Todestage des Herzogs, wo die Residenz auf einmal zum Stau-
nen aller, die mit den Verhältnissen nicht näher bekannt
waren, ihre naturgeschichtlichen Schätze ans Tageslicht hervorgehen ließ.
Der Herzog wurde unerhört hintergangen, oder vielmehr war
es das Land, das dies, sein Steckenpferd, mit Schweiß und Blut

bezahlen mußte. Von dem, was er hatte, nahmen seine Diener das Beste und verkauften es; vergebens hatte er auf alles ein wachsames Auge: wenn er nach einer vermißten Brut fragte, so war sie eben krepiert, und er mußte sich mit einigen Flüchen über das Unglück begnügen. Nicht minder wurde er bei seinen Einkäufen betrogen, und es hat sich oft ereignet, daß er eine Nachtigall schlagen hörte, die ihm gefiel, so sprach er: die Nachtigall muß ich haben, und sandte einen Diener zu ihrem Herrn, dem er, je nachdem sich dieser nachgiebig oder zäh benahm, fünfzig bis hundert Gulden dafür bezahlen ließ. War nun der Vogel in einem der herzoglichen Käfige gebracht, so nahm ihn ein Diener wieder heraus und steckte ein anderes auf dem Markte gekauftes Exemplar, das zwar nicht singen konnte, aber sehr proper aussah, mit umgedrehtem Hals in den Käfig. Dann fragte der Herzog: Was Teufels hat denn die Nachtigall, daß sie nicht singt? und erhielt zur Antwort: Sie ist verreckt, Euer Durchlaucht! – wo dann die Sache mit einem Donnerwetter abgetan war. Nach einigen Tagen hörte er wieder eine Nachtigall in der Nähe des Schlosses singen, die ihn um so mehr anzog, da sie in der Stimme so viele Ähnlichkeit mit der vorigen hatte; und er ruhte nicht, bis sie auf dieselbe Weise erworben und wieder verloren war.

Doch kommt dies alles in keinen Vergleich mit folgendem Betruge, der ihm einmal gespielt wurde.

Am meisten hielt er auf Fasane; aber, wie es überhaupt seine Art war, nicht sowohl auf eigentlich schöne, als vielmehr auf sonderbare Gattungen, die durch irgendein auffallendes Merkmal zur Seltenheit wurden. Solche anzuschaffen, war er unersättlich und konnte sie mit den übertriebensten Preisen bezahlen. Ich war im Hause des Fasanenmeisters und traf daselbst oft mit einem Gewürzkrämer zusammen, der ebenfalls ein großer Liebhaber des Geflügels war und als Kenner häufig zu dem Herzog berufen wurde, um bei neuen Ankäufen mit Rat und Tat zur Hand zu sein. Da saßen wir nun oft alle drei beieinander und machten unsere Glossen über die Leidenschaft des Herrn.

Eines Tages kam der Fasanenmeister vom Herzog, und als er uns beide in seinem Zimmer fand, rief er uns entgegen: Eine große Neuigkeit! Dem Herrn ist ein weißer Fasan mit einem bunten Schweif angeboten worden.

Ein weißer Fasan mit einem bunten Schwanz? sagte der Gewürzkrämer. Dann muß er aber auch einen bunten Federbusch an den Ohren haben.

Gerade das ist die Seltenheit! rief der Fasanenmeister: er ist am ganzen Leib weiß, ohne den Schatten einer anderen Farbe, nur daß er einen prachtvollen bunten Schweif haben soll.

Das ist gegen den Lauf der Natur, meinte der Gewürzkrämer. Wer hat ihn denn dem Herzog angeboten?

Ein Kaufmann in L. im Namen eines Freundes; ich weiß nicht wo, in der Krim, glaub' ich.

So, so! Und wenn der Herzog die Bedingungen eingeht, so reist der Fasan zuerst aus der Krim nach L. und von da aus hierher?

Versteht sich; der Kaufmann hat sich erboten, den Handel und den Transport zu übernehmen.

Das ist sehr vernünftig von dem Kaufmann. Was macht er denn oder vielmehr, was macht sein Freund für Bedingungen?

Er verlangt hundert Louisdor, weil der Vogel eine so große Seltenheit sei. Freund, ich bin sehr neugierig, wo der Betrug steckt.

Ich auch, wir wollen die Sache abwarten.

Der Herzog ging den Preis ein unter der Bedingung, daß der Vogel der Beschreibung völlig entspreche. Der Kaufmann verhieß, ihn kommen zu lassen, und nach einigen Monaten kam ein Prachtexemplar von einem Fasan, weiß am ganzen Leibe, mit schneeweißem Federbusch, auch unter dem Halse weiß, und hinten mit dem herrlichsten Pfauenschweif, der in allen Farben spielte. Der Herzog war außer sich vor Freude und ließ sogleich den Fasanenmeister und den Gewürzkrämer kommen. Der Fasanenmeister teilte aufrichtig das Entzücken des Herrn, aber der Gewürzkrämer hatte ein unbestechliches Urteil und wußte im Augenblick, was er davon halten sollte. Da er jedoch ein kluger Mann war, wollte er die Gunst des Herrn nicht verscherzen und begnügte sich zu sagen, ein solches Tier sei ihm noch nie weder leibhaftig noch in der Beschreibung vorgekommen.

Mit diesem Ausspruch war der Herzog sehr zufrieden, er band dem Fasanenmeister den Vogel auf die Seele und entließ beide in Gnaden.

Der Gewürzkrämer begleitete seinen Freund in dessen Wohnung. Hier forderte er Feder und Papier und setzte ein Schreiben auf, das er dem Fasanenmeister versiegelt übergab. In diesem Briefe, sagte er, steht eine Wette von mir gegen Euch. Ihr dürft keinen Kreuzer darauf setzen, ich aber setze hundert Louisdor, gerade soviel, als der Fasan gekostet hat, und will sie verloren haben, wenn nicht alles so ist, wie es im Briefe steht. Dagegen gebt Ihr mir Euer Ehrenwort, das Schreiben nicht eher zu öffnen, als bis sich gewisse Dinge ereignen, die ich Euch mit der Zeit näher bezeichnen werde.

Mit diesen Worten schieden sie.

Als nun die Zeit erfüllt war und die Mause eintrat, da geschah ein großes Wunder in der herzoglichen Fasanerie. Der bewunderte Fasan verlor sein buntes Gefieder und trieb weiße Federn nach. Der Fasanenmeister wußte sich vor Verwunderung und Schrecken nicht zu helfen.

Um diese Zeit kam der Gewürzkrämer zu ihm, der mich unterwegs mitgenommen hatte.

Der Mann des Jammers führte uns zu einem abgelegenen Verschlage, wo er das treulose Federvieh eingesperrt hatte, und machte uns mit der unerhörten Geschichte bekannt. Der Gewürzkrämer lachte und gebot, sein Schreiben herbeizubringen. Ehe es eröffnet wurde, fragte er den Fasanenmeister, ob er keine von den ausgefallenen Federn aufbewahrt habe. Dieser holte sogleich einige herbei, und nun zeigte uns der Gewürzkrämer ... Kann sich einer von Ihnen einen Begriff machen, wie dieser Betrug angelegt war?

Ganz wohl, sagte ich; die Federn waren gefärbt, und nach der Mause wuchsen wieder weiße nach.

Larifari! Wer wird Federn färben können, daß sie jedermann für Pfauenfedern halten muß? So dumm sind die Leute nicht; es waren echte Pfauenfedern, wie uns der Gewürzkrämer deutlich zeigte. Ein so mühsamer Betrug ist gewiß noch nicht vorgekommen. Der Verkäufer hatte dem Fasan seinen Schweif dicht an der Haut, einzeln, Feder um Feder, mit einer feinen Schere abgeschnitten und in den Rumpf jeder Feder eine Pfauenfeder geleimt.

Der hat seine hundert Louisdor redlich verdient mit all seiner Unredlichkeit, rief ich. Dazu gehört ja eine schmähliche Geduld. Aber der Herzog wird doch über diese Spitzbüberei gelacht haben?

Der Herzog hat nicht gelacht, erwiderte der Gewürzkrämer; denn der Gewürzkrämer war nicht gesonnen, ihn zum Lachen zu bringen. Als der Fasanenmeister fragte: was machen wir denn jetzt? antwortete er: der Fasan muß aus der Welt, eher heute denn morgen. Dem Herzog darf man ja nichts von der Sache sagen, oder Ihr seid um den Dienst, Freund, und ich falle in Ungnade. Hätten wir's ihm gleich anfangs gesagt, so hätte er's uns nimmermehr verziehen, und wollen wir's jetzt gestehen, so wären wir strafbar, weil wir zuvor geschwiegen haben.

Dies leuchtete dem Fasanenmeister ein. Der Gewürzkrämer mischte dem Fasan das Futter, und nach einigen Tagen wurde dem Herzog gemeldet, daß er seine hundert Louisdor umsonst ausgegeben habe. Er tobte und wütete, hieß den Fasanenmeister manches, was er nicht war, und verdaute an diesem Tage besser als seit drei Wochen. Der Fasanenmeister aber blieb unangefochten in seinem Amt, und der Gewürzkrämer ging nach wie vor beim Herzog aus und ein.

Hermann Kurz

DER AMTSSCHREIBER VON BLAUBEUREN UND SEIN STAR

Wenn das Wort gilt, daß Grobheit ein Zeichen von Aufrichtigkeit ist, so war der Amtsschreiber von Blaubeuren einer der ehrlichsten Männer im Herzogtum Württemberg. Und er konnte es in dieser löblichen Tugend mit jeder bocksledernen Hose aufnehmen, die auf der steinigen Alb herumlief, aber nicht mit seinem Herrn, dem „Karl Herzog".

Der Herr Amtsschreiber hatte wie jeder Mensch seine Liebhaberei, und es bereitete ihm viel Freude, so nebenbei seine Bauern herzhaft zu tribulieren (quälen) und sie bei den Amtshandlungen vier oder fünf Stunden warten zu lassen. Namentlich im Heuet oder in der Ernte, wenn ein Wetter am Himmel stand.

Aber auch der Herr Herzog hatte seine Liebhabereien. Und fand der Amtsschreiber sein Vergnügen mit den Bauern, so hatte er seinen Spaß mit den Amtsschreibern.

Es war bloß ein kleiner Unterschied dabei. Der Amtsschreiber, als ein alter Advokat, war beschlagen in allen Künsten der scharfen und gespitzten Redeweise, und seine Liebhaberei äußerte sich in sorgfältig vergifteten Redewendungen, darüber den Bauern das Gesicht vor Galle rot und blau überlief. Der Herzog aber war ein kleiner dicker Mann und stark kurzatmig. Er konnte keinen langen Sermon vertragen, und seine Liebhaberei äußerte sich am liebsten mit der Reitpeitsche, darüber den Amtsschreibern der Buckel rot und blau überlief.

Berg und Tal kommen nicht zusammen, aber die Leut'. Und

wie es oft gehen kann: der Herzog besah sich einmal sein Land, und an einem Tag, da die Morgensonne so wundersame Sprünge machte, kam er nach einem lustigen, aber scharfen Frühritt von Urach her nach Blaubeuren, sah die Gruppe wartender Bauern und stellte sich unter sie.

Es wurde an diesem Morgen ein grobes Tuch gewoben und gleich gewalkt. Darauf gab der Herr Amtsschreiber ein feierliches Gelöbnis von sich, künftig die Bauern ohne Verzug vorzulassen und mit ihren Anliegen bestens zu absolvieren.

Solches ist hart für einen Beamten, der in des Dienstes Gewohnheit grau geworden ist. Und diese sich vom Hals zu halten, war ihm seither trefflich gelungen. Wenn die Bauern aufs Amt gelaufen kamen und nach langem Zögern, den Hut oder die Kappe in der Hand, schüchtern an die Türe der Amtsstube klopften, so pflegte sie der Gefürchtete mit den Worten zu empfangen: „Was will der Bauer? Häberle! Häberle! –" so hieß der Amtswaibel – „sperr' Er den Sakramenter ins Loch!"

Das mußte nun aufhören; und der Amtsschreiber sah im Geiste der Bauern Scharen von Asch, Seißen und Berghülen seine Amtsstube füllen und ihm mit Steuernachlaß, Klagen über den Dorfschultheißen, Grenzhändeln, Befreiung von konscribierten Söhnen Molesten über Molesten (Schwierigkeiten) machen, wenn einmal bekannt sein würde, daß er vom Herzog unter Kuratel gestellt sei.

Aber es ist immer etwas, was den Himmel hebt, sonst wäre er schon lang eingefallen.

Es hatte nämlich der Amtsschreiber, der so hart sein konnte gegen seine Untergebenen, ein sehr weiches und gefühlvolles Herz für die Tierwelt, und seine liebste Beschäftigung war die Pflege seiner Stubenvögel. Seit einiger Zeit besaß er einen jungen Staren, den ihm ein guter Freund vom Unterland zum Geschenk gemacht hatte. Die Staren kannte man damals in

Blaubeuren und auf der Alb noch nicht; erst viele Jahre später fingen diese Vögel an, auch auf den etwas rauhen Bergen, wo der Frühling später und der Spätling früher kommt als im Neckarland, zu nisten.

Der Vogel war auf der Reise verunglückt und flügellahm, und der Amtsschreiber ließ ihn frei in der Schreibstube herumhupfen. Der „Jakob" war ein drolliger Kerl. Er setzte sich zu den Schreibern aufs Tintenfaß, fuhr mit dem Schnabel in die Tinte und kritzelte allerlei Zeichen in die sauberen weißen Papierbogen, so daß die Schreiber die Arbeit nochmals machen mußten zum Ergötzen des Amtsschreibers. Oder er ahmte mit seltener Kunst das Kratzen der Schreibfedern nach oder das Knarren und Grillen der Türen oder das trockene Hüsteln des alten Häberle.

Wiederholt war der Jakob auch Zeuge gewesen, wie sein Herr einen Bauern abgefertigt hatte, und nicht lange stand es an, so sprach der Vogel auch die Worte: „Was will der Bauer? Häberle! Häberle! sperr' Er den Sakramenter ins Loch!" Und er machte seine Sache so gut und traf Stimme und Tonfall des Amtsschreibers so täuschend, daß eines Tages, als in dessen Abwesenheit ein Bäuerlein von Asch auf die Amtsstube kam und der Vogel, der auf seines Herrn Stuhl saß, seinen Spruch losließ, das arme Männdle voll Angst und Schrecken davonlief. Als der Bauer aber die Sonderbucher Steige hinaufging, kam ihm der Amtsschreiber in menschlicher Gestalt entgegen, und es wäre der Bauer vor abergläubischer Furcht schier in Ohnmacht gefallen.

Die Geschichte sprach sich herum, und die Leute schüttelten den Kopf. Sie wäre aber wohl bald vergessen worden, wenn jetzt nicht sich etwas ereignet hätte, was dem Bäuerlein recht gab.

Dem Jakob war der gebrochene Flügel wieder geheilt, und als

einmal im Maien die Sonne so warm und verlockend in die Stube hineinschien und draußen die Spatzenkameraden ihre Frühlingsfreude in allerlei lustiger Pfeiferei und eifrigem Gezwitscher und Gerätsch hinausduderten, da probierte es der kluge Jakob. Er stelzte durchs offene Fenster auf die Simse, huppdich! hupfte er davon auf einen kecken Ast vom Geißhirtlesbirnbaum, wetzte den Schnabel an den schwellenden Zweigen, stellte den Schwanz, regte die Schwingen und flatterte auf und davon: vom Baum aufs Nachbarhaus, von da aus auf die Klosterkirche und dann in seiner Sehnsucht nach Wolken und Frühling in kühnem Flug über Stadt und Bleiche, Wiesen und Bach hinaus in die Welt, bis er müde von der Reise und mit zitterndem Herzlein auf einem kleinen Bauernhaus in Gerhausen landete. Da saß er auf dem moosigen Strohdach und guckte verwundert hinunter in das Treiben der Dorfstraße, wo die Kinder in frohem Ringelreihen in ihrer Art das Kommen des Frühlings feierten.

Es wohnte aber in dem Häuslein ein Schuster, der nicht gerne beim Leisten blieb und den auch der Frühling hinausgelockt hatte ins Gärtlein, wo er seinen Schusterstuhl aufgeschlagen hatte.

Ihm fiel der fremde Vogel gleich in die Augen, und er benützte mit Freuden die Gelegenheit, legte Hammer und Knieriemen beiseite, um dem Vogel nachzustellen. Die lange Leiter im Nachbarhof schien ihm recht dazu. Diese holte er, legte sie an das Strohdächlein und kletterte hinauf, von hinten her und langsam und sacht, daß ihn der Vogel nicht merken sollte. Er rutschte auf dem Dächlein entlang, langsam und sachte, und hatte sein Lederkäpplein in der Hand, um damit den Staren zu fangen. Kinder und Alte, die vorbeigingen, blieben stehen und sahen neugierig dem Vogelfang zu.

Der Jakob saß ruhig, drehte das Köpflein bald ein bißle rechts, bald ein bißle links und ließ den Schuster herankommen. Als dieser aber die Hand hob, um den Jakob zu schnappen, da wandte der Star den Kopf und schnarrte den Schuster an: „Was will der Bauer? Häberle! Häberle! sperr' Er den Sakramenter ins Loch!"

Der Schuster fiel vor Schreck schier vom Dach herunter; so schnell er konnte, zog er sich in respektvoller Entfernung zurück und sagte ganz erschrocken: „Verzeihung, Euer Gnaden, Herr Amtsschreiber, ich habe gemeint, Ihr wäret ein Vogel!"

Den klugen Jakob hat auf einer ferneren Reise in die Welt die Katz geholt, die in ihrer gräßlichen Unbildung und Respektlosigkeit den Staren-Amtsschreiber fraß wie ein gewöhnliches Stück Fleisch.

Im Blaubeurer Amt aber verbreitete sich das Gerücht, der Amtsschreiber sei ein Hexenmeister und könnte sich in einen fremden schwarzen Vogel verwandeln. Mied vorher das Volk die Amtsstube wegen des Amtsschreibers Grobheit, so mied es sie jetzt noch mehr aus abergläubischer Furcht, und der Gestrenge hatte ruhige Tage trotz des herzoglichen Dekrets.

August Lämmle

VON BAUERN, DIE IHREM PFARRER EIN FASS WEIN SPENDIEREN

Im Unterland in einem Weinort, wo's nimmer schwäbisch ist und noch nicht fränkisch, die Bauern hatten einen guten Herbst. Da war ein Leben mit Traubenlesen und Keltern, mit Schießen und Singen, mit Tanzen und Zechen; denn der Wein macht fröhliche Leute. Bütten und Fässer wurden voll, aus allen Spundlöchern floß der köstliche Saft, und die blumengeschmückten Weinwagen klingelten auf allen Straßen.

Ein solcher Segen ist dem Weingärtner wohl zu vergönnen; denn der Fehlherbste sind mehr als der Vollherbste, und es gilt das lange Jahr bei Hitze und Kälte in den Reben viel grobe und feine Arbeit zu tun.

Das reiche Jahr erzeugte in den sonst von Sorgen und Geldnöten oft heimgesuchten Männern ein schönes Selbstgefühl. Und als sie nach der Lese beisammensaßen im Kelterstübchen und mit den Guldenstücklein und Kronentalern in den Hosentaschen klimperten, gedachten sie auch ihres Herrn Pfarrers, der nicht Feld noch Weingut hatte, und wußten viel Lobes von ihm zu sagen. Er hatte für den einen beim Amt suppliziert (eine Bittschrift eingereicht), dem andern aus den Händen des Wucherers geholfen, da ohne Zinsen Geld vorgestreckt, dort eine schwärende Wunde geheilt und war ihnen mit allerlei Liebesdiensten an die Hand gegangen.

Deshalb redeten sie es miteinander ab, da der Wein nicht übermäßig im Preis sei, sie wollen ihm auch ein Fäßlein füllen, und es solle jeder Hausvater nach Vermögen ein halbes oder

ein ganzes Immi von seinem Rißling oder Trollinger dazu-
geben.

Was der Mensch in seinem edlen Drange und in gehobener
Stimmung solchermaßen sich vornimmt und verspricht, das
kann ihm nachher sauer aufstoßen. Und mancher hat sich die
Sache andern Tags nochmal überlegt und sich gefragt: Wie
mach ich's?

Unseren Mannen vom Kelterstüble ging's nicht anders, als sie
ihre Spendierhosen ausgezogen hatten und über Nacht der
Wein aufschlug.

Doch ließ sich die Sache zunächst ganz gut an.

Der Heiligenpfleger stellte ein Fäßlein in seiner Scheune auf.
Da kamen nacheinander die Bauern zwischen Tag und Dunkel
beim Dämmer und hehlingen (heimlich), schleppten bauchige
Krüge und füllten das Fäßlein. Es schien, als wollte keiner
hinter dem andern zurückstehen. Und als der Heiligenpfleger
als letzter auch sein Teil dazu geben wollte und am Faßboden
klopfte und am Spundloch Maß nahm mit einem Strohhalm,
da war das Fäßlein beinahe voll. Da überlegte er sich's und
dachte bei sich: Wenn nur der Herr Pfarrer keinen Schaden
davon hat! Er ist ein nüchterner Mann und des starken Weines
nicht gewohnt. Wenn er eine Herzschwäche kriegte, wer sollte
die Gemeinde versorgen? So einen guten Herrn kriegen wir
nimmer!

Also füllte er, damit sich der geistliche Herr das Geblüt nicht
verhitzige, das Fäßlein vollends mit dem Schöpfkübel aus dem
Röhrenbrunnen, der vor seinem Hause plätscherte, langsam
und sachte, daß kein Tröpflein überfloß. Dann schlug er das
Spundloch zu und brachte das Geschenk dem hochwürdigen
Herrn selber ins Haus, fand auch ein paar geschmalzene Worte
vom Dank der Gemeinde, die dem Herrn Pfarrer das Beste
gönnen möchte.

Aber die Sache nahm einen üblen Fortgang. Denn als andern Tags der Herr Pfarrer eine Kirchengemeinderatssitzung anordnete im Pfarrhaus und die Mannen in ihren blauen Kirchenröcken um des Pfarrers Tisch saßen in der Studierstube, da sprach der Herr Pfarrer der Gemeinde sein Lob aus und seine Anerkennung für ihr christliches Verhalten im allgemeinen und den gespendeten Wein im besonderen, der ihn besonders freue, weil er nun seinen Herren auch einmal mit einem Gläslein aufwarten könne.

Indem sie nun miteinander klug und milde über die Angelegenheiten der Kirche Rat hielten, stieg der Mesner in den Pfarrkeller, um ein Krüglein von dem Schenkwein heraufzuholen. Und als er kam und die Gläslein auf den Tisch stellte, machte der Herr Pfarrer sein großes Protokollbuch zu und sagte: „So, nun wollen wir die Gabe Gottes versuchen!"

Also schickte sich der Mesner, der Reihe nach einzuschenken und fing beim Heiligenpfleger an. Aber statt der Gabe Gottes spendete das Krüglein helles reines Brunnenwasser; denn die Mannen vom Kelterstüble hatten in ihrer Sorge um die Gesundheit des Herrn Pfarrers und das Wohl der Gemeinde ebenso gehandelt wie der Heiligenpfleger.

Wenn einem so was passiert, so möchte man hinaus, wo kein Loch ist. Den Männern fuhr der Schrecken in die Glieder, als wäre statt des Wassers ein böser Geist aus dem Krüglein hervorgegangen, und sie wären gern in ein Mauseloch hineingeschlüpft.

Der Herr Pfarrer aber lächelte mild und verständnisvoll, und da er ein menschenfreundlicher Herr war, so schloß er die Sitzung mit einem gütigen Wort. Schätz wohl, eine Strafpredigt war nimmer nötig.

August Lämmle

MAURER

So leicht vergesse ich die erste Mathematikstunde nicht. Der Professor kam hereingeschossen wie zu einem Sturmangriff. Aus einem verknitterten Gesicht sah ein böses Auge. „Ich weiß es", schrillte er, „Mathematik liebt man nicht. Ich seh's euch an, am liebsten tilgtet ihr sie aus dem Stundenplan. Weil sie unbequem ist. Weil sie alle andern Fächer überragt. Was ist deutscher Aufsatz? – Phrasendrescherei. Was ist Geschichte? – Kaleidoskop für Kinder. Was ist Geographie? Flüsse, welche heute so und morgen anders laufen.

Bestand hat allein meine Wissenschaft! Was sind Lehrer andrer Fächer? Maurer, bestenfalls Poliere. Der Mathematiker allein ist Architekt. In das Herz der Dinge sieht er, unerbittlich ist er – der erste in der ersten Bank: begreifst du das?"

„Nein", sagte der Hausmann.

„Hab ich mir gedacht", höhnte der Schrillende, „der zweite in der dritten Bank: verstehst es du?"

„Ja", sagte der Schwegerl.

Der Schrille wurde milder: „Doch eines, Kinder, haltet fest: Wenn ihr heute vor den Richterstuhl des Höchsten trätet und er fragte euch: Was ist gewiß?, was gäbst du ihm zur Antwort, Hausmann?"

„N . . . nichts", sagte Hausmann.

„Hab ich mir gedacht. Und was gäbest du zur Antwort, Schwegerl?"

„Die Mathematik."

„Schön – nun wollen wir ins Reich der Zahl eintreten, wo die Logik herrscht und jeder Irrtum ausgeschlossen ist. Alles lügt; nur wer lügt nicht, Hausmann?"

„I . . . ich."

„Unsinn."

„Sie."

„Blödsinn! Schwegerl, wer lügt nicht?"

„Die Zahl."

„Gut, Schwegerl, lies die Regeldetriaufgabe auf Seite dreizehn."

„300 Maurer bauen einen Palast in 270 Tagen bei neunstündiger Arbeitszeit. Wieviel Maurer bauen den gleichen Palast in 30 Tagen bei zehnstündiger Arbeitszeit?"

„Hausmann, weißt du, wie man das herausbringt?"

„Man – man probiert's."

„Was probiert man?"

„Das Bauen."

„Rettungslos! Schwegerl, an die Tafel, zeig's ihm!"

Der Schwegerl zeigte es ihm an der Tafel mit hageldichten Kreideziffern:

2430 Maurer.

„Siehst du, Hausmann, so was braucht man nicht zu probieren, so was macht man aus dem Handgelenk und haargenau mit Zahlen, die . . ."

„. . . nicht lügen", ergänzte Hausmann, aber mit einem heimlichen Zwinkern in den Augen. „Darf ich noch was fragen, Herr Professor?"

„Frage!"

„Muß das Resultat bei allen eingesetzten Zahlen stimmen?"

„Wie oft muß ich dir noch sagen: Zahlen irren nicht!"

„Und wenn man den Palast in einem Tag bauen wollte, Herr Professor?"

„So braucht man eben so viel Leute mehr. Einmal wirst du's doch begreifen – an die Tafel!"

Hausmann ging an die Tafel, rechnete und verkündete: „In einem Tag wird der Palast gebaut von zweiundsiebzigtausendneunhundert Maurern."

„Stimmt", sagte Schwegerl.

„Hm", sagte der Professor.

„Und in einer Stunde, Herr Professor, nein in einer halben?" Schwegerls Kreide hagelte: Eine Million vierhundertachtundfünfzigtausend Maurer", verkündete er.

„Darf ich noch was fragen, Herr Professor?" sagte der Hausmann scheinheilig.

„Wir kommen jetzt zu andern Dingen", sagte der Professor eilig.

„Ob ich noch was fragen darf?" beharrte der Hausmann.

„Die ewige Fragerei! – Was noch?"

„In der Geschichte haben wir gehabt, daß an einer ägyptischen Pyramide oft viele Königsgeschlechter gebaut haben."

„Na, und?"

„Wenn an unsrem Palast 400 Jahre gebaut worden wäre, kann man da auch die Maureranzahl . . .?"

„Natürlich kann man – wir kommen jetzt zur Kettenrechnung, Kinder . . ."

„Können wir nicht vorher die 400 Jahre . . .?"

„Ich hab's!" schrie der Schwegerl, der's schon vorgerechnet hatte, „der Palast würde in 400 Jahren von – von – . . ." Er stockte. Hausmann sah ihm ins Heft und ergänzte ehern: „. . . von Null Komma fünf Maurern gebaut werden."

Der Professor wurde nervös. Gut, daß es läutete. Was der Hausmann und der Schwegerl in der Pause miteinander verhandelten, ist eine Geschichte für sich. Nur meinen Traum in der Nacht muß ich noch erzählen.

An einem Palast sah ich eine Million viermalhundertachtundfünfzigtausend Maurer bauen. Sie wuhrlten durcheinander, untereinander, übereinander. Sie traten einander auf die Hühneraugen. Sie schrien und schwangen ihre Mörtelkellen. Ein furchtbarer Kampf drohte auszubrechen. Da erschien auf einmal ein einziger Maurer, nein, ein halber Maurer. Einer mit der oberen Hälfte, sonst hätte er nicht seine Stimme erheben können: „Friede sei mit euch. Ich komme euch zu künden, daß der Pharao seinen Sinn geändert hat. Ihr seid entlassen. Ich allein werde den Bau ausführen."

„Wie!" brüllten die anderthalb Millionen Maurer, „du, du allein?"

„Ja, ich kann in der mir bewilligten Bauzeit dasselbe leisten, wie ihr alle zusammen."

„Er ist verrückt – total verrückt!" rollte es durch die anderthalb Millionen.

„Ich bin nicht verrückt", sagte gemessen der halbe Maurer, „ein Mann aus dem Westen ist gekommen zum Pharao und hat es ihm berechnet."

„Wo – wo ist die Rechnung?" rief es durcheinander. Da hob der halbe Maurer ein Blatt Papier in die Höhe. Ich konnte es im Traume deutlich sehen. Unsre letzte Regeldetriaufgabe stand darauf. Und unterschrieben war sie mit: Theobald Kienzelmann, Professor und Obermaurer am Ludwigsgymnasium in München.

Da ergriff die anderthalb Millionen Maurer ein fürchterlicher Zorn, und sie erhoben sich und . . . Gut, daß die Mutter mich gerade weckte.

Fritz Müller-Partenkirchen

DES KANTORS HAUSSCHUHE

Wer konnte treuer im Dienst sein als der gute Kantor Hiller? Schlag sieben Uhr früh begann der Unterricht, und die Schulpausen zog er nicht in die Länge. Er nahm es genau mit seinen Pflichten, wußte er doch, daß nicht nur der Herr Schulrat Helldorf, sondern noch eine höhere Instanz ihm in die Bücher sah.

Herr Hiller war ein schlichter Mann. Seine Beinkleider waren nicht nach dem neusten Schnitt, denn ein Dorfkantor, der vier Söhne auf der Universität hat, mag wohl nicht in Verlegenheit kommen, es mit der Kleidung nach der Mode zu nehmen.

Sein Unterricht ging nicht im stolzen Schritt der neusten pädagogischen Methoden einher, doch wurden die Wissenschaften im Dorfe Vogelsang mit einer Emsigkeit gepflegt, daß manch einer von den „Modernen" sich dahinter verstecken konnte.

Dazu genoß der alte Kantor die Liebe und Hochachtung von jedermann, der ihn kannte. Seine Gewissenhaftigkeit war sprichwörtlich, so daß man von einem Menschen, dessen Ehrlichkeit gerühmt werden sollte, sagte: „Der macht's wie Kantor Hiller!", und das war das höchste Maß von Vertrauenswürdigkeit. Einmal war der Kantor, so erzählte man, zum Bauern Merten gegangen und hatte ihm drei Pfund Hühnerweizen gebracht, weil der einhundertdrei Pfund statt des bestellten Zentners ihm geliefert hatte, und Kutscher und Handwerker wußten: War im Schulhause ein Trinkgeld fällig, so konnten sie die Hand auftun. Da ließ Herr Hiller sich nicht lumpen. Er gab stets mehr, als er selber für richtig hielt, denn es sollte niemand seinen Christennamen lästern.

Kurz, Herr Hiller war die Korrektheit und Güte in Person und handelte allezeit nach dem Wort: „Sehet zu, wie ihr vorsichtig wandelt, nicht als die Unweisen, sondern als die Weisen!" (Eph. 5, 15).

Schulrat Helldorf hatte wieder einmal die Schule in Vogelsang inspiziert. Es war der erste Besuch zur Winterszeit, denn wer wollte sich bei Eis und Schnee in das entlegene Dörfchen wagen, wenn es nicht sein mußte? Aber diesmal hatte Herr Helldorf es gewagt, und es war alles zur Zufriedenheit ausgefallen. Die Leistungen der Kinder im Rechnen, Schreiben und Lesen waren „über Erwarten", an Fingernägeln, Händen und Haaren hatte sich nichts zu erinnern gefunden, und die Diktathefte der Kinder waren – von einer unverbesserlichen Ausnahme abgesehen – gehalten, wie des säuberlichen Stadtschreibers Akten nicht besser sein konnten. Der Herr Schulrat hätte schon mit der Lupe kommen müssen, wenn er irgendwo ein „Fäserchen" hätte finden wollen.

So gab er nach wohlgelungener Prüfung seiner Zufriedenheit Ausdruck, betonte, daß der Musikunterricht im besonderen seine Freude erregt habe, und daß die Kinder von Vogelsang dem Namen ihres Dorfes Ehre machten, und das Schusterlinchen mit der hellen Stimme, die aller Liebling war, bekam ein besonderes Lob. In der Religion, meinte der Herr Schulrat, sei ihm die Andacht, mit der die Kinder der Erzählung des Lehrers gefolgt seien, aufgefallen, und er müsse den „warmen Ton" loben, mit dem Herr Hiller die heilige Geschichte zu dozieren verstände. Kurzum, es war alles in Ordnung.

Nur in einem Punkt – ganz ohne Beanstandung durfte ja wohl eine Schulinspektion nicht ablaufen – müsse er sein Mißfallen aussprechen, und hier wiegte der Herr Schulrat bedenklich sein

Haupt: des Lehrers Fußbekleidung schiene ihm der Würde des Amtes nicht angemessen. Er möge statt der haarfilzenen Hausschlupfen in Zukunft lederne Schuhe tragen. „Immer proper und korrekt, Herr Kollege, vom Scheitel bis zur Sohle!"

Mit dieser Vermahnung verließ er die Schule, bestieg seinen Schlitten und fuhr klingelnd davon.

Das war nun für Herrn Hiller eine bittere Pille. Kalte Füße waren sein altes Leiden, und wenn er die warmen Schlupfen fahren ließ, das wußte er, so würden allerlei große und kleine Übel, als da sind Nierenkoliken, Heiserkeit und Schnupfen sich einstellen, und der Herr Schulrat hatte keine Ahnung, welches Unheil er mit seiner Vermahnung angerichtet hatte.

Da war denn guter Rat teuer. Was half es Herrn Hiller, daß der Schulrat seinen „warmen Ton" gelobt hatte, wenn er nun mit kalten Füßen einhergehen mußte. Und doch, es blieb ihm nichts übrig, er mußte in den sauren Apfel beißen. Ein zweites Mal wollte er eine Beanstandung nicht einstecken.

Also ging er in ledernen Schuhen und achtete nicht der sich einstellenden Trübsale, nicht der Tropfen an seiner Nasenspitze, nicht des immer hartnäckiger werdenden Katarrhs, nicht der endlosen Zahl der Schnupftücher, die Frau Hiller allwöchentlich auf der Leine hängen hatte. Bisweilen kam ihm der verführerische Gedanke, es wieder einmal mit den Hausschlupfen zu versuchen, und fast wäre er einigemale schwach geworden, dann aber widerstand er mannhaft und trug in Ergebenheit die ihm auferlegten Leiden, denn: Der Herr Schulrat hatte befohlen!

Herr Hiller probierte es mit heißem Tee, mit Halswickeln, mit Wadenpackungen und Fußbädern, mit Freiübungen und Kniebeugen während der Schulpausen und suchte auf alle Weise seinen schwachen Kreislauf in Bewegung zu bringen. Aber was half es alles? Das Übel war einmal chronisch, und wer

Augen hatte, der mußte sehen, wie Herr Hiller von Tag zu Tag elender wurde. Schusterlinchen jedenfalls hatte Augen, und sie brachte Herrn Hiller Wacholder und Kräutertee, den sie mit der Großmutter sommers im Walde gesammelt, und der bei vielen anderen sich gut bewährt hatte.

Nur bei Herrn Hiller wollte er nicht anschlagen. Linchen wurde ganz traurig. Man merkte es im Gesangunterricht. Ihre Stimme klang nicht fröhlich wie sonst. Wie sollte sie singen können, wenn des kranken Lehrers Stimme versagte?

So kam es eines Tages dahin, wohin es kommen mußte: Herr Hiller wurde seinen Grundsätzen untreu – ein wenig mochte seine gute Frau dazu mitgeholfen haben –, jedenfalls, er verfiel in sträfliche Pflichtvergessenheit und erschien in haarfilzenen Schlupfen im Schulzimmer. Die Schulkinder hatten ihn gar nicht kommen hören. Plötzlich stand er unter ihnen. Aller Blicke richteten sich, so schien es ihm, auf seine Füße.

War es nun, daß er sein Vergehen wieder gut machen wollte, oder lag es gerade im Lehrpensum – genug, er verwendete die ganze Stunde darauf, den Kindern beherzigenswerte Grundsätze einzuprägen. „Ehrlich währt am längsten", so schrieb er an die Tafel. „Wer weiß ähnliche Sprichwörter zu nennen?" – „Lügen haben kurze Beine", sagte einer, ein anderer: „Wer einmal lügt, dem glaubt man nicht, und wenn er auch die Wahrheit spricht." Und so ging es weiter. Die ganze Tafel wurde vollgeschrieben. „Merkt es euch", sagte der Lehrer, „es lohnt sich nie zu lügen, auch im alleräußersten Notfalle nicht!"

Und dann wurde das Gedicht besprochen, das schon ihre Großmütter einst gelernt hatten: „Vor allem eins, mein Kind, sei treu und wahr!" Die Kinder spürten es dem Lehrer ab, wie ernst es ihm damit war.

Nun wurde Herr Hiller wieder wohler. Seine Wangen röteten

sich. Seine Stimme bekam wieder ihren alten vertrauten Klang. Sein ganzes Wesen atmete Zufriedenheit, und Schusterlinchen sang wie ein munteres Vöglein.

Nur wenn der Lehrer erfuhr, daß Herr Schulrat Helldorf in der Nachbarschaft irgendwo zur Inspektion gewesen war, dann wurde ihm unbehaglich zumute. Für zwei oder drei Tage zog er dann seine ledernen Treter an. Hernach aber war es ihm zu dumm, er wurde wieder rückfällig und wanderte wie gewohnt in seinen Hausschlupfen zwischen den Bänken umher.

Ein wenig schlug ihm freilich manchmal das Gewissen. Er suchte die Stimme der Selbstanklage zu dämpfen, indem er lederne Schnuten auf die Schuhspitzen setzen ließ, aber was half es – sie blieben doch, was sie waren!

Eines Tages nahte das Unheil. Herr Schulrat Helldorf war wieder da. Und das mitten im Winter. Sein erster Blick fiel auf des Kantors Fußbekleidung. Zunächst sagte er nichts. Aber am Schluß der diesmal etwas kühl verlaufenen Inspektion ward des Widerstandes Erwähnung getan und Beachtung der Vorschriften angeordnet.

Der arme Herr Hiller lief zwei Tage wie krank umher. Hätte nicht die gute Frau Kantor ihn mit liebevollen Worten aufgemuntert und durch mancherlei Künste ihn von seinem Kummer abgelenkt – er hätte sein seelisches Gleichgewicht nur schwer wiedergefunden.

Aber was sollte er nun tun? Der Winter nahm in diesem Jahr kein Ende. Sollte er an den Schulrat einen Brief schreiben? Das war zwecklos! Wie sollte der gesunde Mann Verständnis für die Leiden eines kränklichen alten Kantors haben? So zog denn Herr Hiller wieder seine ledernen Schuhe an, und alle alten Übel begannen mit verstärkter Gewalt sich einzustellen.

Da kam dem Schusterlinchen ein guter Gedanke, den ihr die Liebe zu ihrem Lehrer eingab: Konnte ihr Vater nicht über

Herrn Hillers Hausschuhe einen ledernen Bezug nähen? Sie ging zu der Frau Kantor, die Schuhe sich auszubitten. Das ging nicht ohne Schwierigkeiten, denn es sollte eine Überraschung sein. Da aber eine Besohlung ohnehin fällig war, so fand sich ausreichender Grund zu einer Entführung der wertgeschätzten Gegenstände.

Der Geburtstag des Kantors war gekommen. Die Kinder sangen ihr Lied und sagten ihre Verschen auf. Dann trat Herr Hiller an das geschmückte Katheder. Da standen inmitten des Blumenregens die kaum wiederzuerkennenden Hausschlupfen in blitzlederner Umkleidung. Und an der Tafel standen groß und feierlich die „herzlichen Glückwünsche" der Schulkinder als Ausdruck der allgemeinen Mitfreude. Nur war dem Schreiber – Konrads Fritz war der Sünder – ein Fehler unterlaufen. Er hatte zwei Buchstaben weggelassen, und so waren statt der Glückwünsche „herzliche Glüwünsche" an den Schiefer gezaubert.

Herr Hiller mußte lächeln. Es stecke, meinte er zu seiner Frau, ein ungewollter Sinn darin, man brauche nur ein „h" hineinzusetzen, so könne er's dann für die Füße gut gebrauchen.

Das Format der Schuhe war nun freilich etwas reichlich geworden. Aber was schadete es? Herr Hiller war nun nicht nur „proper und korrekt", sondern auch warm dazu „vom Scheitel bis zu Sohle". Er konnte allen Wechselfällen der Zukunft mit Ruhe entgegensehen.

Als im nächsten Winter Herr Schulrat Helldorf wiederum in Vogelsang erschien und sein erster Blick auf des Kantors Füße fiel, verflüchtigten sich die gestrengen Falten auf seinem Gesicht sogleich, und er war wieder der alte. Die Leistungen der Schulkinder fand er diesmal „ausnehmend" zufriedenstellend, und für Schusterlinchen fand sich sogar ein „Zuckerles" in seiner Tasche, ihres schönen Gesanges wegen.

Am Schluß der Inspektion meinte er, er freue sich, daß Herr Hiller sich eines Besseren besonnen und von den „Haarfilzenen" gelassen habe. Seine Güte ging so weit, daß er eine Tasse Tee mit reichlich Rum von der Frau Kantor entgegennahm, denn er hatte diesmal selbst einen erheblichen „Krächzehals" mitgebracht. Die Witterung sei auch in diesem Winter allzu rauh, meinte er, und es sei ihm eine Genugtuung, daß Herr Hiller trotz der „Ledernen" – er lächelte befriedigt – sich einer guten Gesundheit erfreue.

Als er sich verabschiedete, schlug dem guten Kantor doch das Gewissen: „Herr Schulrat", sagte er beim Hinausbegleiten und zeigte auf seine Fußbekleidung, „der Wahrheit die Ehre – sie stecken zwar in ledernen Etuis, es sind aber halt doch nichts als – Hausschlupfen!"

Werner Preuß

PUTZI

Hillemers hatten sich ein hübsches Haus gebaut. Es war so geräumig, daß sie die Tochter mit Mann und Kind bei sich aufnehmen konnten. Die jungen Leute wohnten oben, die alten, denen das Treppensteigen schon schwerfiel, im Parterre. Klein-Nelli hatte außerdem noch unten neben der Wohnstube der Großeltern ihr Spielzimmer. Ein Tisch mit zwei Kinderstühlen stand darin, ein Schrank für die Spielsachen und Bilderbücher, dazu ein Sofa und eine kleine Nähtruhe, die ihr ganzer Stolz war.

Eines Tages brachte Nelli ein junges graugestreiftes Kätzchen mit ins Haus. Es war halbverhungert und ließ ein klägliches Miauen hören. Hillemers waren keine Freunde von Katzen. Sie wußten, was so ein kleines Tier für Bescherungen anrichten kann. Aber Nelli bettelte so lange, bis man ihr erlaubte, das Tier herauszufüttern. In einer Ecke des kleinen Spielzimmers bekam Putzi sein Quartier. Der hübsche Kopf sah ganz nach einem jungen Kater aus. Hoffentlich war es auch einer! Nachwuchs würde man unter keinen Umständen dulden!

Putzi wurde gut behandelt. Er fühlte sich bald ganz zu Hause. Er schmeichelte wie alle Katzentiere den Hausbewohnern um die Füße, er machte Sprünge nach Papierbällen und Bindfäden, er sah zu, wenn Vater Hillemer am Tisch saß und sich rasierte, und machte mit seinen Pfötchen drollige Bewegungen um seinen Bart herum, als wolle er es ihm nachtun. Er zog an Handtüchern, Schürzenbändern und Schnürsenkeln, er lag auf

dem Sammetkissen kreisrund zusammengerollt wie eine Leber-
wurst und kümmerte sich um die ganze Welt nicht, und dann
und wann jagte er auch eine Maus.

Eines Tages war Putzi verschwunden. Erst nach längerer Suche
in Haus und Garten fand man ihn wieder, und zwar im Kleiderschrank. Der vermeintliche Kater hatte Junge bekommen,
vier an der Zahl! Und als Wochenbett hatte Großvaters Pudelmütze gedient. Irgend jemand mußte die Tür zu dem Schrank
offengelassen haben, und das Tier hatte sich seinen Vorteil
ersehen.

Vier Junge! Was sollte man mit ihnen anfangen? Töten? Unmöglich! Wer sollte das übers Herz bringen? Nach längerer
Mühe gelang es, alle vier in der Nachbarschaft unterzubringen.
Sie waren inzwischen so niedlich geworden, daß man sich nur
schwer von ihnen trennen konnte.

Aber von jetzt ab mußte Putzi besser behütet werden. Sie
bekam ein Glöckchen um den Hals und wurde schön in der
Stube gehalten. Wenn Nelli mit ihr ausging, führte sie sie an
einer Schnur neben sich her.

Trotz aller Vorsichtsmaßnahmen war Putzi eines Tages doch
wieder verschwunden, und diesmal endgültig, wie es schien.
Wochenlang bekam man sie nicht zu sehen. Einmal wollte
Vater Hillemer im Fliedergebüsch am Haus ein Geschrei gehört
haben. Es klang fast wie ein Todesschrei. Oft schlichen hier
große, fremde Katzen herum. Ob Katzen sich gegenseitig um-
brachten? Putzi erschien nicht wieder, und Nelli hatte schon
erwogen, ihr im Garten einen Gedenkstein zu setzen. Blumen
würde sie davor pflanzen und sie alle Tage begießen.

Es wurde schon herbstlich kühl.

„Hast du auch so kalte Füße?" sagte Mutter Hillemer eines
Morgens beim Erwachen zu ihrem Mann. „Wir werden doch
nächstens die Federbetten hervorholen müssen."

„Meine sind ganz warm", sagte er.

Sie hob den Kopf. „Es ist kein Wunder", erwiderte sie, „sieh einmal da!"

Er richtete sich auf. Wahrhaftig, da lag doch Putzi, die Ausreißerin, am Fußende seines Bettes und schlief ganz behaglich. Des Nachts mußte sie, des Herumtreibens müde, zum offenen Fenster hereingeklettert sein.

„Ja, wo kommst du denn her, du miserables Katzentier?" sagte er und wippte ein paarmal mit den Füßen auf und nieder, um sie zu wecken.

Putzi streckte sich, hob das Köpfchen und sagte für diesmal nur: „Miau!" Die richtige Antwort gab sie zwei Tage später. Diesmal waren es sechs, und weil Großvaters Pudelmütze nicht zu finden gewesen war, hatte einstweilen Nellis Nähtruhe herhalten müssen.

Werner Preuß

ROBINSON IN DER SCHNEIDERKEUSCHEN

Mein Meister – der Natz – bewohnte auf der Höhe, wo die Bauerngründe zu Ende gehen und der Almwald beginnt, ein Häuschen, welches seiner vereinsamten Lage wegen das Einschichthäusel hieß, seit unserer Einwohnerschaft in demselben aber die Schneiderkeuschen (Gehäuse) genannt wurde. Ich saß zuweilen nur werktags in demselben, wenn eine Hausarbeit war; der Meister brachte viele Tage und Nächte einsam in der Einsamkeit zu. Das kleine Haus war aus Holz fest gebaut, die Tür gründlich zu verschließen und die Fenster so klein und dazu noch vergittert, daß eine Gefahr der schlechten Leute wegen nicht leicht zu fürchten war. Und hier ist mir denn, einige Wochen nachdem ich in die Lehre eingestanden, etwas Wunderliches passiert.

Eines Montagmorgens bestellte mich der Meister in sein Häuschen hinauf. Ich hatte von meinem Elternhause mehr als eine Stunde dahin; doch kam ich zu guter Zeit an, und wir rüsteten uns zu einem Gang ins Mürztal hinüber, wo wir auf mehrere Wochen Arbeit hatten.

Im Mürztale waren wir Handwerker vom Gebirge stets gesuchte Leute, weil wir billiger arbeiteten und in der Verpflegung weniger anspruchsvoll waren als die Professionisten vom Tale, die freilich immer sehr verachtend auf uns niedersahen, wenn wir vorübertrippelten, um ihnen ihre nächsten Kunden wegzufischen. Ich freute mich immer auf das Mürztal, es war so gut dort und der Weg dahin so schön und alles so seltsam.

Vor so langer Abwesenheit mußte alles, was wir nicht mit-
nahmen, gut verwahrt und verschlossen werden. Nachdem
dieses geschehen, goß der Meister Wasser auf die Herdglut, die
ihm vorher das Frühstück gekocht hatte, damit kein Funke
Unheil stifte. Dann zog er die Hängeuhr auf; das war eine, die
nach jedem Aufziehen vierzehn Tage lang ging. Vernimmt der
horchende Dieb das Ticken der Uhr, so meint er leicht, es sei
jemand zu Hause und unterläßt das Einbrechen.

Bevor der Meister die Fensterläden schloß, sagte er zu mir:
„Jezt geh' nur voraus, 's wird herinnen gleich finster sein.
Steig' stad an, ich komm schon nach." Ich mußte wohl, er hatte
noch den Haussegen zu beten, durch welchen er sein kleines
Hab und Gut, das er hier am Waldrande zurückließ, den Heiligen des Himmels und besonders seinem Namenspatron, dem
heiligen Ignatius, empfahl. Dabei wollte er stets allein sein,
und ich trollte mich also aus dem Stübchen, um noch eilig in der
Hinterkammer für den weiteren Weg eine gutbeschlagene Elle
hervorzusuchen. Auch ein Bügeleisen fand ich in der Kammer,
welches mir weniger unbequem schien als der schwere Eisen-
block, den ich sonst von Haus zu Haus mitschleppte und damit
wohl dem steifen Loden zum Trotz, aber den Leuten zum
Spott war.

Als ich nun mit dem neugewählten Werkzeuge durch das
dunkle Gelaß stolperte und über die Stiege hinab der Haustür
zu – war diese verschlossen. Dreifach verschlossen und verrie-
gelt, und das Haus war leer, der Meister davon und hatte mich
eingesperrt.

Allsogleich erhob ich ein schallendes Geschrei; ich selbst er-
schrak vor der Stimme, die aus mir fuhr, die gellend an die
Wand schlug und die gefangen war wie ich selber. Der Meister
meldete sich nicht, er war fort. Er mußte glauben, daß ich durch
den Wald hinauf schon voraus sei. Selbstverständlich ein

rasendes Rütteln an der Tür, an den Wänden und selbstverständlich ein vergebliches. Ich riß einen der Fensterläden auf und rief hinaus: „Meister, Meister, ich bin noch drin! Ich kann ja nicht nach. Das ist höllisch!" Er hörte mich nicht mehr, mußte schon über den Bühel gegangen sein.

Tief unten in einem Kessel lag die Gegend, lagen die Bauernhäuser, mit ihren braunen Strohdächern fast wie Maulwurfshügel anzuschauen, stand zwischen Lärchen und Birken die Kirche von Hauenstein. Da kannst schreien, wie du willst, Schneiderbub', deine Stimme ist noch leichter, als du selber, die taucht nicht ins Tal hinab, die steigt zu den Wolken auf. Wie wird der Meister laufen und schnaufen durch den Wald und wird sich denken: Bin doch auch kein Hascher (Krüppel), aber der, wenn er einmal auskommt, ist nimmer zu erwischen. Ha ja, soviel lange Füß'.

Bei dem vorigen Gang ins Mürztal war ich auch so närrisch vorausgeeilt, um mir drüben in Langenwang die Schere schleifen zu lassen, bevor wir auf die Ster rückten. Was dieser Mensch nur allemal zu schleifen hat? wird der Meister heute denken, und wird nacheilen wie ein versprengter Steinbock, und der Lehrling sitzt in der Keuschen und kann nicht nach.

Was ist jetzt zu machen?

Ausbrechen? Möchte nur wissen, wie? Das Türschloß schwer verschlagen, die Fenster eng vergittert. Der Rauchfang? Ein Schneider kann halt alleweil noch nicht dünn genug sein, der Rauchfang ist nicht über eine Spanne weit. Also hübsch in Geduld warten, bis der Meister wieder zurückkommt.

Ich öffnete alle Fensterläden, daß es wenigstens in meinem Kerker licht war. Ich schritt von einem Gemach zum andern und warf in meinem Hirn alles drunter und drüber, ob sich denn im ganzen Haupte des Menschen — man sagt, es sei so mächtig und beherrsche die Welt — kein Mittel vorfinde, um aus der Schneiderkeuschen zu kommen. Es fand sich nichts vor. Sonst entspannen sich in dem Köpflein dieses Lehrjungen oft so gescheite Ideen, daß die Leute sagten: Der Schneiderbub ist halb verruckt. Aber heute kam's nachgerade darauf an, mit diesem Kopf an die Wand und durch dieselbe ein Loch zu rennen.

Im Häuschen war es grauenhaft langweilig. Stiller als still kann's nicht sein, sagt man. Wenn du aber so eingeschlossen im Einschichthäusel sitzest und hörst gar nichts als das Tick – tack – tick – tack der Uhr, welche mit ihren langsamen Schritten der Ewigkeit entgegengeht, und das Ticken ist so eintönig, daß du es schließlich auch nicht mehr hörst, so ist es stiller als still.

Es wurde endlich Mittag. Der Meister kam nicht zurück. Wohl aber war jählings eine leise Stimme zu vernehmen – der Magen fragte höflich an, was es heute mit der Knödelsuppe wäre?

Da hub ich an zu suchen. Alle Kästchen und Laden waren verschlossen, und als ich die Schlüssel fand und die Behälter öffnete, war alles leer. Aus Besorgnis, daß während der längeren Abwesenheit die Lebensmittel Schaden leiden könnten, hatte der Meister das Möglichste verzehrt und den Rest zur Fankelbäuerin hinabgetragen, auf daß ihn dieselbe benütze und später mit frischen Teilen zurückzahle. Nur ein großes Stück Brot fand sich in einer der Laden, das war aber schon so hoch betagt, daß ein ehrwürdiger grauer Bart auf seinem Antlitze wuchs. Ferner entdeckte ich in einer Papiertüte ein wenig Reis.

Um Reis zu kochen, braucht man Feuer und Wasser. Dieser Satz gehört zu jenen ewigen Wahrheiten, an denen zu rütteln eine Frechheit ist. Draußen, zehn Schritte vor dem Häuschen rieselte der Brunnen. Ich durchstöberte alle Winkel nach

Feuerzeug: die Flamme ist die beste und trauteste Gesellschaf-
terin in solcher Lage, und der über dem Dache aufsteigende
Rauch konnte doch vielleicht jemand herbeilocken und mir
Erlösung bringen. Ich fand im Kasten einige Briefe von Weibern an meinen lieben Meister Natz, in welchen sie versucht
hatten, sein Herz in Flammen zu stecken. Und das war auch
das einzige Feuerzeug im Gelaß. Kein Stein, kein Schwamm,
kein Zündhölzchen. Ich suchte weiter, und sehr unangenehm
war es mir, als ich in einem der unverfänglichsten Winkel
unter der Ofenbank, in einem Kästchen zwischen den Ziegeln
eingeschoben, meines Meisters geheimste Schätze fand; einige
Silberlinge, deren Wert ich kannte, aber auch verwelkte, ge-
trocknete Rosen und Haarlocken, deren Wert ich nicht kannte.
– Zuletzt, so dachte ich mir, wenn er's wahrnimmt, wie ich da
in seiner Wohnung eigenmächtig herumgewirtschaftet habe,
läßt er mich noch einsperren! Aber Gott und der Hunger ist
mein Zeuge, ich suchte nur nach Herdfeuer!
Da sah ich im dunkeln Winkel am Ofen auf dem Boden etwas
phoreszieren. Mein Meister hatte die Gewohnheit, Zündhölzchen als Zahnstocher zu gebrauchen, nachdem er ihnen
das Köpfchen weggerissen hatte. Ein solches Köpfchen ohne
Rumpf lag nun da und leuchtete in blauem, mattem Scheine,
ein einziges, winziges Körnchen Feuer, noch verschlossen und
kalt und nichtig, aber doch Rettung tragend im Keime, wenn
es mir gelänge, ihn zu wecken und zu fördern. Als ich denn
sonst nichts mehr vorfand, versuchte ich es mit dem kleinen
Kopfe und legte ihn auf den Herdstein, daß ich ihn bearbeite.
Aber: soviel Köpfe, soviel Sinne, und hier ging es nicht nach
meinem. Wie ich in der linken Hand den Fidibus auch in Bereit-
schaft hielt und mit der rechten das Phosphorköpfchen kniff,
rieb und zwickte, es blieb kalt und finster. Mit einem Nadel-
zänglein packte ich es, um die Reibung auf dem Steine zu

erzielen, – da sprang es mir plötzlich davon gegen die Mauer hin, zischte dort auf, und bis ich mit meinem Fidibus nachkam, war es verlodert. Und damit war auch mein Hoffnungsstern verloschen.

In einem Fache des Kastens hatte ich des Meisters Pistole gefunden, welche er sonst draußen vor dem Häuschen häufig abbrannte, damit die Leute aller Stände wissen sollten, daß auch eine Waffe im Hause wäre. Ich fand sie scharf geladen. Ja, mein lieber Junge, da wäre freilich Feuer drin. Und welches! Aber! Halte ich es gefangen, so nützt's nichts, und lasse ich es frei, so verpufft's. Das ist ein unseliges Verhängnis.

Nachmittags hob es an zu regnen. Ich hielt einen Topf zum Fenster hinaus, denn ich hatte Durst. Aber die wenigen Tropfen, die hineinfielen, machten nichts aus. Da stieg ich zum Dachboden hinan, wo es mir mit schwerer Mühe gelang, eine Dachschindel zu verschieben, daß Wasser hineinsickerte. Darunter richtete ich nun meinen Topf auf, und so gewann ich Wasser. Fast gleichzeitig entdeckte ich im Stroh, auf welchem sonst die Gesellen zu schlafen pflegten, einige Eier. Wer nun diese Eier gelegt haben mag? Hühner waren seit Menschengedenken nicht im Hause. Es mußte der Meister die Eier heimgebracht und hier aufbewahrt haben, anders war es nicht denkbar.

Nun, ich trank sie aus und aß einen Bissen des ehrwürdigen Brotes dazu. Dann kamen die Gewissensskrupel: Mensch, jetzt faulenzest du da und verzehrst deinem Meister allen Vorrat, während er im Mürztal sich muß plagen! Nun suchte ich nach Arbeit, daß ich doch für das Essen auch was nützen könne. Es war wohl ein Stück Tuch in der Lade, aber nichts Zugeschnittenes. Hierauf visitierte ich den Kleiderschrank des Meisters, ob nicht irgendeinem Beinkleide ein Loch zuviel, ein Knopf zu wenig wäre. Einen einzigen, etwas zweideutigen Ellbogen fand ich, sonst war überall alles recht ordentlich instandgehalten. Da sich hier denn nirgends Gelegenheit bot, mich dienlich zu zeigen, so begann ich in der Küche Holz zu spalten. Unter den Holzscheitern fand ich einen Hausschlüssel.

Ich sprang vor Freude in die Luft, so hoch, als nur einer meines Zeichens zu springen vermag. O wie eitel sind die Freuden dieser Welt! An der Tür war ein mit starkem Eisenmantel umhülltes Vexierschloß, welches mit diesem Schlüssel, wie ich sah, nur von außen geöffnet werden konnte. Ich begann fast zu wiehern, zu lachen vor Wut. Wasser war in der Nähe, und ich hatte Durst gelitten; Holz und Feuer war da, und ich fror der finstern Nacht entgegen, den Schlüssel hielt ich in der Hand und war gefangen. Alles gesperrt!

Der Abend kam, unten im weiten Kessel lagen die Häuser von Hauenstein, und der Regenschleier hing darüber. Kein Mensch kam des Weges zum Einschichthäusel heran, weshalb auch? Die Leute wußten es: die Keuschen ist leer, die Schneider sind hinüber ins Mürztal gezogen. Und der Meister kam auch nicht. Der sitzt jetzt schon im Mürztal und flucht über den Lehrling: wo er denn heut' steckt, dieser verdangelte Bub! Alleweil zieht's ihn so in die Fremd'; am End' ist er fort, der leichtsinnig Schlingel! – Wie konnte der Mann wissen, welch eiserner Patriotismus mich daheim festhielt!

Ich verkroch mich endlich in des Meisters Bett.

Der Schlaf war gut; auch die Träume waren nicht so übel. Ich fühlte wen bei mir, dessentwillen ich laut sagte: „Jetzt macht's mir nichts mehr, daß wir eingesperrt sind:

> Was frag' ich nach den Leuten?
> Es ist ein eiserner Riegel für.
> Komm her an meine Seiten
> und bleib bei mir."

Im Traum sind nämlich alle Reime echt. Um so mißlicher war

das Erwachen. Ein Geräusch an der Wand hatte mich auf-
geweckt. Ich horchte; draußen pochte, grub und bohrte etwas.
Einbrecher! Wollen sie gar die Holzwand durchstoßen? Wollen sie die Untermauerung durchbrechen und zwischen den
Grundfesten hereinkriechen, um das Gut meines Meisters zu
rauben? Dann werde ich den guten alten Brauch wieder auf-
bringen, werde mich, wie jene Müllerstochter, vor's Loch hin-
stellen und die Räuber nacheinander köpfen. Nachher wird
auch das Sprichwort von der Schneidercourage anders gemacht
werden müssen. Gern wäre ich in die Küche gegangen, um das
breite Beil zu holen, mit welchem ich tags zuvor Holz gekloben
hatte, aber ich getraute mich nicht aus dem Bette. – Wenn es
wenigstens zu machen wäre, daß, während die hereingekro-
chenen Räuber bei den Kisten und Kästen sich beschäftigten,
ich durch das Loch hinauskäme! Ich wollte sodann diesen
Haupteingang schon geschwind verrammeln, daß die Verbre-
cher gefangen wären, und ich frei! – Nun wagte ich mich aus
dem Bett und schlich ans Fenster. An der Ecke des Hauses stand
wirklich Einer, und daneben währte das Poltern und Krachen
fort.
In Gottes Namen, ich hüte das Haus meines Meisters und
mein Leben, das geb' ich nicht wohlfeil! In diesem Gedanken
bereitete ich, auf den Zehen schleichend, die Axt und die
Pistole. Mit Hast warf ich noch einige Kleider um mich, murmelte jenes Gebetlein, welches mir der christliche Glaube zur
Reu- und Leiderweckung an die Hand gegeben hat, machte
den ernstlichen Vorsatz, falls ich aus dieser Gefahr doch
lebendig hervorgehen sollte, womöglich ein frommer Mann
zu werden, nahm mir vor, auch nicht mehr allzu weltlich zu
träumen, und öffnete dann leise das Fensterlein.
Dort stand der Kerl und sah gerade auf mich her.
„He da, wer ist denn draußen?" schmetterte ich. Mitten in der

Nacht im Einschichthaus ein solcher Ruf! Er hörte sich schauerlich.

„Schelm, ich schieß dich nieder!" schrie ich noch einmal und ließ krachen.

Das Geräusch des Einbrechens währte fort, auch der Kerl stand noch in seiner ganzen Verwegenheit da. Aber bei dem Scheine des Schusses hatte ich gesehen, wer es war. Dieser alte, gottverlassene Wicht war's am Zaun, der Baumstrunk, dem tagsüber gar die Rindenfetzen vom Leibe hingen und der Moder aus allen Spalten rieselte. Und nachtschlafend Stund' möcht' er die Leut' erschrecken! Aber der hat jetzt genug für sein Lebtag, und mich erschreckt er nimmer.

Als ich hernach kühn geworden, den Kopf zum Fenster hinausreckte, so weit es ging, gewahrte ich auch die Einbrecher. Ein paar Bretter, die an der Wand lehnten, wurden vom Wind, der gekommen war, um den Regen zu vertreiben, hin und her geschlagen, an die Wand gedrückt und wieder hintan gerissen, daß sie knarrten und ächzten.

Seine Feinde gründlich kennengelernt zu haben, ist der halbe Sieg. Ich verschloß das Fenster und legte mich wieder schlafen.

Am andern Morgen schien draußen die liebe, helle Sonne, daß es ein Jammer war.

„Wenn heut' auch noch niemand kommt, so geht das nicht so gut aus wie gestern!" sagte ich mit drohender Miene. „Unsereins möcht' einmal was Warmes essen."

Da sah ich den Felssteg her gegen das Häuschen einen Mann schreiten. Also endlich! Ich legte den Schlüssel zurecht, daß ich ihn zum Fenster hinausgebe und den Vorbeigehenden bitte, mir von außen dieses malefiz Vexierschloß aufzusperren. Als jedoch der Mann näher kam, zuckte ich mit dem Kopfe vom Fenster zurück und stieß einen Fluch aus in die Wand hinein, wie weder vor- noch seither ein solcher hineingestoßen worden sein mochte.

Es war Gori, der blaßbraune Schustergeselle. Der war mein Todfeind. Es hätte nicht sein müssen. Wir hätten in Fried' und gutmütiger Gegenseitigkeit Platz nebeneinander gehabt, wie nur je ein Schuster und ein Schneider hienieden nebeneinander Platz haben können. Aber wir hatten eine gemeinsame Weltanschauung, wir hielten unter allen Jungfrauen eine und dieselbe für die Schönste und Liebenswerteste im Kaiserreiche. Und so war es gerade an einem der letztvergangenen Sonntage gewesen, daß dieselbe Eine mit ihrem Vater im Wirtshause war, daß ich mich zu ihrem Nebentische hinsetzen wollte und daß der Gori plötzlich vor mir stand und sagte: „Einer von uns beiden Zwei'n ist dahier zuviel!" Der achtzehnjährige Schneiderlehrling kam gegen den fünfundzwanzigjährigen Schustergesellen nicht auf, und noch ehe ich zum Bewußtsein der eigentlichen Sachlage kam, war ich vor der Haustüre. Zur Genugtuung gereichte mir aber, daß gleichzeitig auch dieselbe Eine mit ihrem Vater das Wirtshaus verließ „von wegen dem schandhaften Raufen allemal".

So stand's zwischen mir und dem blaßbraunen Gesellen, der jetzt am Einschichthäusel vorbeiging. Er hatte eine Tracht Leisten auf dem Rücken und nebelte mit seiner Porzellanpfeife – ein Weibsbild war darauf – langsam an meinem Fensterlein vorbei. Von dem wollte ich nicht befreit sein, und sollte ich sitzen bleiben müssen im Einschichthaus so lang, bis mein Bart neunmal um den Ofen wüchse.

Dieser kleine Vorgang hatte eine merkwürdige Hitze in mich gebracht; nur zu bald würde es wieder langweilig. Es war ein und das andere Buch da und manches Blatt Papier, lesen, schreiben war ja sonst meine Passion. Doch in solchem Asyle soll's ein anderer versuchen, mit Bleistift die Zeit sich zu vertreiben; dem rechten Arrestanten mag's behagen, der weiß, daß mittags der Wächter mit der Suppe kommt; und kommt derselbe mittags nicht, so kommt er abends.

Um die Mittagszeit sah ich einen Bettelmann sich draußen sonnen. Der, wenn ich ihm den Schlüssel hinauslang, ist gewiß so gut und macht auf. Hättet Ihr's mit ihm gewagt? Und hättet Ihr nicht den Hochverrat bedacht, der an dem Meister begangen worden wäre, wenn man die Geheimnisse seines wundersamen Vexierschlosses einem Fremden, vielleicht einem Strolche, preisgegeben hätte. Nein, auf dieses Äußerste kommt's noch nicht an. Bleibt der Vagabund nur noch ein paar Minuten sitzen auf dem grünen Rasen – er ist ja beschäftigt – so wird alles gut. Rasch schrieb ich auf einen Zettel: „Tue mir die Fankelbäuerin doch wen heraufschicken. Der Schneider ist eingesperrt und kann nicht aus." Das Papier legte ich zusammen, verklebte es mit Wachs, dann rief ich zum Fenster hinaus: „He, guter Freund!"

Der Bettelmann sprang auf, und da er sah, daß das Haus bewohnt war, murmelte er sogleich seinen Bettelspruch. Ich reichte ihm durch das Fenster ein Vierkreuzerstück heraus; Geld war in meinem Exil für mich ja ein wertloser Gegenstand.

„Aber Ihr müßt so gut sein", sagte ich, „und dieses Briefel da zu dem Bauernhaus hinabtragen, wo sie den Waschkessel vor der Tür haben, und es der Bäuerin geben. 's ist eine kleine Post, und ich hab' nicht Zeit, daß ich hinablauf'."

Der Mann versprach's von Herzen gern und torkelte mit meinem Notsignal hinabwärts gegen den Talkessel, wo die Menschen leben in Geselligkeit und Überfluß und die großen Güter nicht zu würdigen wissen.

Nun verging Stunde um Stunde, und es kam keine Antwort. Ich durchspähte nochmals alle Vorratsräume und genoß zur

Jause Pfeffer und Salz, ein Nahrungsmittel, welches gestern noch verschmäht worden war. Als der Abend nahte, begann ich wild zu werden. Ich rüttelte furchtbar an der Türe, ich versuchte, ob denn nicht doch die Dachbretter zu durchbrechen wären. Vergebens. Der Spaß fing an gefährlich zu werden.

„Schneider!" hörte ich auf einmal draußen schreien. Ich stürzte zum Fenster. Der Tausend, das auch noch!

Fankelbauers Mariechen stand draußen.

„Aufmachen soll ich?" fragte sie.

„Sei so gut, Dirndl. Da ist der Schlüssel. Mein Meister hat mich unversehens eingesperrt."

„Der ist drin!" rief sie aus. „Jetzt haben wir gemeint, der Meister, und desweg' hat mich die Mutter heraufgeschickt. Den Brief haben wir schon Nachmittag kriegt, wir sind auf dem Feld gewesen und haben nicht Zeit gehabt. Hätt' ich aber gewußt, daß du's bist, so wär' ich jetzt auch noch nicht heraufgegangen."

„Hast was gegen mich, Marie?" fragte ich beklommen.

„Garnit. Du wirst wohl wissen, wegen was."

„Du tust alleweil so stolz gegen mich!?"

„Mir tragt's den Stolz nicht. Aber dir stünd's besser an, du tätest anders."

„Möcht wissen, wie du das meinst?"

„Was hast du mich bei den Leuten in Schanden zu bringen?" sagte sie und schluchzte in ihre Schürze hinein.

„Um Gottes willen, Marie, was hast denn? Wieso bring' ich dich in Schanden? Geh' her da, zum Fenster geh' her und sag' mir's, wieso bring' ich dich in Schanden?"

Anstatt mir zu nahen, ging sie noch einige Schritte vom Fenster weg. „So!" sagte sie nun, „das ist keine Schand', wenn du über mich Gedichte machst, daß ich viel fein und sauber wär', und daß ich dein Schatz sollt' sein, und lauter so närrische

Sachen! Und gibst es allen Leuten zu lesen, daß man sich schämen muß bis unter die Erden hinein."

Das war ein Schlag für mich.

„Mirzel", sagte ich endlich, „wenn du nur ein bissel tätst hergehen. Mach auf und komm. Es wird dich doch nicht verdrießen, wenn man sagt, daß du schön bist!"

„Wenn man den Leuten das erst muß aufschreiben, daß sie's glauben, nachher ist es schon schlecht genug."

„Aber schau, mein Herz, man redet doch so gern davon."

„Willst reden, du Lapp, so weißt, wo du mich findest. Was brauchen denn andere Leut' zu wissen, daß ich dir gefall!"

Das schreibe ich heute zur Belehrung für Poeten, welche da glauben, alles und noch ein übriges zu tun, wenn sie ihr Mägdlein besingen. – „Du weißt, wo du mich findest", hatte Mariechen gesagt.

„Komm nur einmal herein, wir werden uns schon ausreden", lockte ich und reckte den Arm aus. „Aber aufmachen mußt du. Da hast den Schlüssel."

Sie lachte hell, lachte unter Tränen des Ärgers: „Ich werd' mich hüten, daß ich dich heut' auslaß."

„Willst mich umkommen lassen? Bin ich dir denn gar nichts lieb?"

„Bist ein ungeschickter Bub', sperrt der Schlüssel von auswendig, so wird er von inwendig auch sperren. Probier nur einmal."

„Probiert hab' ich schon. Es ist ein Vexierschloß."

„Bist selber schuld, wenn du dich vexieren läßt. Ist untenauf kein Stift beim Schloß?"

„Freilich wohl, mit dem es festgenagelt ist."

„Bei diesem Stift drückst an, nachher drehst den Schlüssel um – nachher gehst heraus."

Mit Macht mußte ich arbeiten, daß ich meinen verklemmten

Kopf und Arm vom Fenster zurückbrachte; sie schaute so schalkhaft auf mich her, daß ich bei mir dachte: Das Ding geht besser aus, als ich hab vermeint.

Dann versuchte ich noch einmal, und zwar nach ihrer Weisung das Schloß zu lösen, und die Tür war offen.

Offen war sie in weiten Angeln, und vor mir lag die Freiheit und das Abendrot – und das Mägdlein lief, was es laufen konnte, davon – davon.

Was soll ich noch sagen? Als ich von der Verfolgung zurückgekehrt war, stellte ich die Wohnung instand und verschloß, nachdem ich mich überzeugt hatte, daß niemand mehr im Hause sei, mit überaus großer Sorgfalt die Tür.

Hernach eilte ich dem Hofe meiner Eltern zu.

„Jetzt ist der da", sagte die Mutter, „bist denn nicht im Mürztal drüben?"

„Was zu essen möcht' ich", war meine Antwort.

„Semmelstrauben hab' ich heut' keine", sagte sie, „und sonst nimmst mir ja nichts."

„Mir ist alles recht."

So aß ich, und dann schlief ich, und am nächsten Tage ging ich ins Mürztal und suchte meinen Meister auf. Der brummte und lachte; aber die Tantalusqualen, welche ich im Einschichthäusel erlitten, habe ich ihm nur halb erzählt.

Peter Rosegger

EIN REISENDER HANDWERKSBURSCH

Der lange Christian muß aus alter Erinnerung hervorgeholt werden.

Der schob eines Tages die Tür unserer Meisterstube so weit auf, daß er seinen kleinen Kopf hereinstecken konnte: „Ein reisender Handwerksbursch bittet gar schön . . ." Der Meister steckte alle zwei Hände in die Hosentasche und fragte: „Was ist Er denn?"

„Ein vagierender (arbeitsloser) Schneidergesell', bitt' ich."

„Wesweg steht Er nicht in Arbeit ein?" sagte der Meister, und die rechte Hand fuhr unverrichteterdinge aus dem Sacke zurück.

„Ich bitt', weil ich keine krieg'. 's ist schon überall alles voll Schneidergesellen."

Jetzt kam auch die Linke des Meisters, auf die alle Hoffnung gesetzt war, leer aus der Tasche, und der Meister sprach: „Wenn Er will, bei mir hat Er gleich Arbeit. 's ist der Winter da, die Leut' brauchen Gewand."

Der Handwerksbursche sah, daß er aufgenommen war, mit saurem Gesicht trat er in die Stube; er war länger, als dem hereingesteckten Kopfe nach vermutet werden konnte, und es hing an dem ältlich und gutmütig aussehenden Kopfe ein ziemlich zerfetzter Schneider. Der Meister selbst schien von dem Aussehen seines neuen Gehilfen etwas überrascht zu sein. Das Wanderbuch war aber befriedigend, es stand zwar wenig Arbeit drin, aber diese wenige war durchaus belobt.

„Wo hast denn deinen Ranzen, Christian?" fragte jetzt der Meister.

„Meinen Ranzen? Warum?", versetzte der Geselle mit Befremdung, „brauch' keinen."

„Du wirst doch eine gute Kluft bei dir haben?"

„So weit ja", sagte der andere und blickte an sich hinab bis zur Zehe, die aus dem Stiefel hervorguckte, „bin zufrieden, bin alleweil zufrieden."

„Ruck, Lehrbub, daß er sich setzen kann!" Diese Worte des Meisters waren zu mir gesprochen, und einige Augenblicke später saß der schlottrige Geselle an meiner grünen Seite und sah den Meister ungewiß an, als wollte er fragen, welcher Hausbrauch hier herrsche, ob der Lehrjunge gelegentlichen Falles bei den Haaren oder bei den Ohren zu fassen wäre. – Als er später die gutherzige Weise merkte, in welcher mein Meister mit mir verkehrte, fing auch er an, kollegial zu sein, das heißt, er bemängelte mir gegenüber die Pflege, welche man uns angedeihen ließ und belustigte sich über den Meister, wenn dieser abwesend war. Ich war für solche Beweise des Vertrauens dankbar, hütete mich aber, dieselben zu entgegnen, sondern tat, wie einem Lehrjungen geziemt: hielt die Ohren offen und den Mund zu.

Nur die Nächte waren nicht ohne Konflikte. Zuerst hieß es, ich möchte mit dem neuen Gesellen mein Bett teilen; nur zu bald stellte sich heraus, daß er nach Gutdünken mit mir teilte, aber so, daß der größte Teil mit Leintuch, Decke und Kopfkissen ihm zufiel. Er lag an der Wand, nur zu Regenzeiten tauschten wir die Plätze, weil an der Wand das Wasser herabrann. Solange ich wachte, beschied ich mich, aber während ich schlief, taten Arme und Beine im Kampf ums Dasein manches, was hernach von seiten des langen Schlafgesellen ein anderer, ganz unschuldiger Teil des Körpers arg entgelten mußte.

Trotzdem waren wir stets gut Freund, was mir um so erfreulicher schien, als die Erhaltung dieses schönen Verhältnisses ganz in meiner Hand lag. Gab ich in allem nach, so war ich gesichert, und er verlangte nichts Unbilliges von mir, denn im Leben eines Lehrjungen ist alles billig. Zudem besaß der lange Christian einen unschätzbaren Vorzug, nämlich er log – und log, daß es eine Passion war. Wer nie sein Brot als Schneider aß, wer nie die halben Winternächte bei Schafwoll' und beim Zwirne saß! – Was da ein gutes Plaudermaul für ein Kleinod ist! Der lange Christian hatte den Krimkrieg mitgemacht, hatte bei der Revolution eine Rolle gespielt und das keine kleine, denn er war Kossuths Stiefelwichser gewesen. Denn warum? Er hätte es zu ganz was anderem bringen können, aber der Kossuth hatte gesagt: „Loß dich nicht aus, Schwab. Brauch dich zum Stiefelwichsen."

„Sei jetzt still und tu näh'n!" verwies ihm bisweilen der Meister solche biographische Darstellungen.

„Warum soll ich's denn nicht sagen?" meinte hierauf der Christian immer, „es ist ja alles nicht wahr." Und hub wieder von neuem an.

„Und wenn ich auch hätte dabei sein können", fuhr er fort, „ich hätte nicht einmal mögen. Da mag einer sagen, was er will, mir geht das Reisen über alles. Das Reisen als Schwalier (vornehm) natürlich."

„Jetzt sei still und tu näh'n!" gebot der Meister streng. Da war er still und tat nähen, und ich ermaß traurig, wie hier die schönsten Reisen und alle Weltwunder schnöde unterdrückt wurden. Ein Gefühl der Bitterkeit wurde in mir gegen den Meister wach. Wenn dieser aber abwesend und wir in der Werkstatt uns selbst überlassen waren, dann wurde alles nachgeholt; bald wurde ich inne, daß der lange Christian auch bei der Entdeckung Australiens dabeigewesen war.

Auf einem Luftballon wären sie hingekommen. – „Geht auf einmal nieder. Auf den Bäumen lauter Schlangen und Paradiesäpfel; Weinberge, wo auf den Reben die Kaffeebohnen wachsen und der Wein rinnt in Brunnen unter der Erde heraus. Löwen und Tiger, selbstverständlich alle besoffen, darum sind die australischen so gefährlich. Und sind auch große Pappeln, denen auf und auf die Wolle wächst und müssen im Frühjahr und im Herbst geschoren werden. Und lauter so! Die Leut' sind alle schwarz über und über und brauchen daher keine Kleider. Was ist denn das für ein Land? fragen wir. Antwortet ein Schwarzer: I' bitt', das ist Australien."

Als ich anfangs an Einzelnem zweifelte, rief er: „Na ja freilich, bei euch heißt's allerweil: erlogen, erlogen! Das Bissel erlogen wird doch dich nicht genieren! Wenn's d'netta (nicht) alles wahr sein sollt', na bedank mich, da möchtest saubere Sachen hören. So tapfer wie der Christian, der jetzt neben deiner (dir) schneidert, hat keiner gefochten!"

„Soldat?"

„Soldat! Gott sei Dank, nein! Ein Fechtbruder bin ich gewesen und wollt', ich wär' es heut noch!" Er seufzte und zog melancholisch einen langen Faden vom Zwirnknäuel.

Meine Bemerkung darauf mußte der Stimmung des Augenblicks nicht ganz gerecht gewesen sein, denn er beugte sich weit gegen mich und sagte nachdrücklich genug: „Du bist ein junger Lecker, daß du's weißt!"

Ließ ihm's gelten, und so waren wir wieder einig. „Bist erst ausgelernt, wirst es auch treiben", versicherte der Christian, „was ein ordentlicher Handwerksbursch ist, der geht fechten. Blitzdumm seid ihr Jungen anfangs schon dabei, das ist richtig, und wenn man euch nicht aus Erbarmen zeitweilig was tät schenken, ihr müßtet verhungern wie die jungen Kälber, wenn sie nicht genudelt werden."

„Möcht' wissen, weswegen man euch Alten was schenkt, wenn nicht aus Erbarmen!" erlaubte ich mir zu bemerken.

Er krähte laut auf und rief dann: „Das kostet mir einen Lacher. Uns aus Erbarmen, wie einem Bettler. Junge, dir fehlt es an Unterricht. Wenn wir Handwerksburschen fechten, dann heißt das nagelfest nichts anderes, als wir heben unsere Gebühr ein. Es ist ein Recht von alters her. Sie alle, die Herren Professionisten (Handwerker), die heute prächtige Häuser stehen haben an den Straßen, sie alle haben einstmals gefochten und tüchtig gefochten. Und wenn du nicht weißt, wozu sie an ihren vornehm geschnitzten Haustüren die Klinken haben, dann will ich dirs sagen: daß Unsereiner draufdrucken kann, so wie's in neurer Zeit Haustelegraphen gibt, wo der Herr nur zu drucken braucht und die Dienerschaft steht da. Wenn wir dabei den Hut in der Hand halten und freundlich bitten, dann ist das Höflichkeitssache, denn der Fechtbruder muß Schwalier (vornehm) sein!" –

„Redlich gesagt aber", fuhr der lange Christian fort, „die Handwerker, die selbst haben schnallendruckt, das sind die schmutzigsten. Allenfalls ein ganzer Kreuzer, wenn sie keinen halben im Sack finden, und verstatten sich des lumpigen Kupferlings wegen schon das Recht, das Wanderbuch eine Weile durch ihre feisten Finger zu wutzeln oder gar etliche Sottisen (Flegeleien) loszulassen, als wär' ein ehrlicher Bursche just ihren Grobheiten willen auf der Länderpassier (Durchreise). – Übrigens Lehrbub, merk dir's: was an der Straße steht, heißt nicht viel. In die Seitendörfer muß sich einer schlagen, in die Berggräben muß man hinein, es lohnt sich! Kannst du das Mundwerk brauchen, machst du den Weibern was vor – lebst du wie ein Prinz. Aber nur nicht vergessen, den Finger schön in den Weihkessel tauchen, wenn du bei der Tür hineingehst. Steht vor dem Haus, wo die Leute vom Fenster hinsehen, ein

Kruzifix oder so was, nur fleißig den Mund draufdrücken. Frommheit lohnt sich immer. Bleibst du über die Nacht und sitzest auf der Ofenbank, so erzähl was: je größer die Lug ist, desto lieber glauben sie es, desto gewisser laden sie dich zu ihrem Nachtessen ein. Mit dem Bauer hebst du fürs erste vom Wetter an; ist trockne Zeit, so gibt's guten Kornbau, ist Regenwetter, so gerät das Futter fürs liebe Vieh. Der Köchin vertraust, du hättest auch schon etliches verkostet auf dieser Welt und wüßtest, was gut sei, aber so ein Schmalzmus oder was es eben ist, wär' dir bislang noch nicht in den Mund gekommen. Wirst sehen, nach solcher Red' wird dein Essen zusehends vermehrt und verbessert. Sind Knaben im Haus, so machst du ihnen Vogelfallen, Fischfangen oder so was. Mit den Mädeln, und sind sie auch erst halbgewachsen, kann man vom Heiraten reden. Rastest dich tagelang aus und wirst sehen, wie erträglich die Zeit vergeht."

Darauf erwiderte ich einmal dem langen Schneider: „Freilich vergeht die Zeit, wenn der Reisende so von der Straße abweicht, aber wann kommt er nachher ans Ziel?"

Er ließ die Nadel stecken, wo sie stak und fragte:„ An welches Ziel?"

„Wo er Arbeit kriegt!"

Jetzt stützte er seinen spitzen Ellenbogen aufs spitze Knie und sagte: „Was glaubst du denn eigentlich von einem Handwerksburschen? Meinst, er passiert die Länder, daß er Arbeit sucht? Für was stünde er denn drei Jahre und länger in der Lehr und ließ sich zum Fußabwischer brauchen, wenn er nachher kein reisender Handwerksbursch werden wollt? Jetzt haben wir die Eisenbahnen. Nichts leichter, als ans Ziel zu kommen und Arbeit zu finden. Aber kannst du dir einen reisenden Handwerksburschen denken, der auf der Eisenbahn fährt? Für was, möcht ich bitten, werden denn neben den Eisenbahnen hin die alten kostspieligen Landstraßen erhalten, als wie für den Handwerksburschen? Es ist ein Pläsier, kann ich dir sagen, wie kein zweites auf der Welt. Und schon gar in einem Ort, wo an jedem Ende die Tafel steht: Hier ist das Hausieren verboten! – Wie sich's da ficht! Lehrbub, du weißt noch nichts."

„Weshalb ist denn der Christian hernach bei uns eingestanden?"

„Das eben ist's ja!" flüsterte er, „hab' ich denn vor der Tür wissen können, daß ich vor einer Schneiderwerkstatt steh? So gescheit wär' ich schon gewesen, daß ich alsdann meinetwegen als Tischler oder Schuhmachergesell angeklopft hätte. Und just diesmal ist's nicht erlogen gewesen, akkurat, daß ich ein Schneider sein muß! Dein Meister hat mich frei soviel, als in meinen eigenen Worten gefangen. Anderteils weil jetzt Winter ist und der Mensch seinem Brot nicht gut kann nachkommen, will ich es auf etliche Wochen gleichwohl aushalten. Ein rechter Bursch muß alles probieren auf der Welt."

Auch das Arbeiten! hatte er in Gedanken sicherlich beigesetzt. Übrigens war der Christian in der Arbeit flink, wenn auch zuweilen ein kleiner Schlendrian mit unterlief. Letzteres rügte mein Meister eines Tages nur indirekt, indem er sagte: „Lehrbub, für Geschwindigkeit nimm dir ein Beispiel an Christian, für Genauigkeit an mir!"

Abends während der Lichtfeier – das ist die Stunde der Dämmerung – war der lange Christian unsichtbar. Erst knapp vor dem Lichtanzünden erschien er wieder und ging mit frischer Lust an die Arbeit.

Da stupfte einmal der Bauer, bei dem wir auf der Ster saßen, meinen Lehrmeister an der Seite, er möge so gut sein, einen Augenblick mit ins Nebenstübel zu kommen, er habe ein klein wenig was zu reden. Und im Nebenstübel soll dann der Arbeitgeber zum Meister folgenderweise gesprochen haben: „Wenn euch Schneidern bei uns die Kost zu schlecht ist, so tut es mir sagen, ist mir lieber, als wie wenn ich vor der Nachbarschaft zuschanden gemacht werde."

„Wie denn das?" entgegnete der Meister und sah den Bauern groß an, „die Kost zu schlecht? Bei dir? Doch gar keine Rede von so was. Alles gut und genug!"

„Ja", sagte der Bauer, „zuweg geht denn nachher dein Gesell zwischen den Lichten in die Nachbarschaft betteln?"

Der Meister wurde blaß vor Schreck. „Sie reden schon überall davon, daß der Niederberghofer seine Schneider verhungern ließe, und der Gesell, wenn's dunkel wird, mit dem Bettelsack ausschleiche. Wenn's so ist, habt ihr bei mir ausgearbeitet."

Ohne ein Wort der Entgegnung rief der Meister den Christian ins Stübel.

„Möcht frei wissen, Christian, was du zwischen der Lichten allemal machst?" fragte er mit düsterem Ernste.

„Ich? – Ein bissel in der Nachbarschaft geh ich um, daß ich mich nach dem langen Sitzen eppas (etwas) ausspring."

„Und trägst den Leuten das Brot stückweis aus dem Haus!" sagte der Bauer.

„Warum denn nicht", antwortete der lange Christian, „ich bitt ja schön drum und nachher verschenk ich's wieder. Bei dir, Niederberghofer, hab ich's gottlob nicht vonnöten."

„Zuwas tust es denn nachher, du alter Steinesel?" rief der Meister mit allem Zorn, dessen er fähig war.

„Weil's mich g'freut", sagte der Geselle, „und wenn's dem Meister nicht recht ist, so kann er sich's recht machen. Wir sind nicht zusammen verheiratet. Ich mach mich fremd."

Mit diesen Worten sagte er die Arbeit auf.

Voller Innigkeit nahm er von uns Abschied, nachdem er mich noch eingeladen hatte, mitzukommen. Ich begleitete ihn bis

vor das Haus und sah ihm nach. Schon an der nächsten Tür drückte er die Klinke nieder und mit einem Gesicht, das vom Glück erhellt war, murmelte er sein: „Ein reisender Handwerksbursch' bittet gar schön . . ."
Es ist reine Liebhaberei; wer soll's verdenken!

Peter Rosegger

LAZARUS SAUERTEIG

Lazarus Sauerteig gehörte unter die Kategorie jener Menschen, welche sozusagen jedermann um Entschuldigung bitten, daß sie auf der Welt sind. Hierzu trug schon die Wahl seiner Eltern bei. Sein Vater war ein armseliger Dorfbarbier, der zu jener Zeit der unterwürfige Knecht aller Gemeindeangehörigen war, indem er ja von deren Liebesgaben lebte, ohne welche er bei seiner spärlichen Einnahme und seiner starken Familie dem Verhungern wäre preisgegeben worden. So sah Lazarus seinen Vater stets nur mit gekrümmtem Rücken und verbindlichem Lächeln, und als er in die Stadt zum Studieren kam, gab ihm jener beim Abschiede nebst einem fast leeren Geldbeutel die Lehre mit auf den Weg: „Mit dem Hute in der Hand, kommt man durchs ganze Land."

Hut hatte zwar der junge Studiosus keinen, aber seine Mütze zog er vor jeder Türe, wo er um ein Viatikum (Wegzehrung) anklopfte. In der Stadt bettelte er sich sieben Kosttage für die Woche zusammen und holte sich gleich vielen anderen armen Studenten sein Mittagsmahl in dem zweiteiligen, nur mit einem Henkel versehenen „Kosthaferl" nach Hause.

Bei seinem auffallenden Äußern, das sich mit den drei Worten „lang, hager, häßlich" bezeichnen läßt, war er oft dem Spott der Gassenjungen ausgesetzt, die den Kostbettlern den Spottvers nachschrien:

> „Student, Student!
> Is d'Suppen verbrennt,

wirf 's Haferl an d' Wänd',
du Bettelstudent!"

Lazarus Sauerteig hatte schon in seiner Jugend ein schlaff aussehendes Gesicht, in welchem alle Züge nach abwärts strebten, ebenso wie die sparsam anliegenden, langen, herabhängenden, weißblonden Haare. Eine stumpfe Nase und blaßblaue Augen machten sein Antlitz nicht ansprechender. Seine Kleider waren ihm durchwegs zu klein, und bei seiner Länge und Hagerkeit war er einer ausgewachsenen Salatstaude wohl vergleichbar.

Im Studium zählte er zu den Durchschnittsschülern, und so wand und bettelte er sich durch das Gymnasium glücklich hindurch. Auf der Universität erging es Lazarus nicht besser. Während andere Studenten nach dem Kolleg oder auch statt des Kollegs die Kneipe besuchten, mußte er sich in die verschiedenen Klöster schleichen, wo er in liebenswürdiger Weise in einem Separatzimmer sein Mittagsmahl erhielt. Das kostete aber viele „Vergelt's Gott" und manchen gekrümmten Rücken.

Morgens und abends hungerte er meist, wenn er nicht so glücklich war, durch Abschreiben bei einem Rechtsanwalt einige Groschen zu verdienen, die in erster Linie zur Bestreitung seiner Schlafstelle benutzt werden mußten.

Oft meinte er freilich, das praktischste in seinen ärmlichen Verhältnissen wäre es, jetzt noch einen anderen Beruf zu ergreifen, der ihm das tägliche Brot verdienen ließe, aber dazu war seine Sehnsucht nach etwas Höherem zu groß. Er fühlte den unwiderstehlichen Drang in sich, Rechtsgelehrter zu werden. Glücklich bestand er auch das theoretische Examen, doch brachte es für ihn die allerschlechteste Zeit mit im Gefolge. Das Praktizieren ohne jeden Gehalt und ohne jede Beihilfe von außen machte ihm die zwei Jahre bis zum Staatsexamen zu einer wahren Marterzeit. Nach seinem mit einem „Dreier" bestandenen Staatsexamen gelang es ihm, am Landgericht zu Berghofen mit zeitweisen Tagegeldern als Praktikant unterzukommen. Da hieß es vor allem, sich mit dem Amtsvorstand auf gutem Fuß zu halten, und da dieser den Adel in seinem Wappen führte, so sah der stets demütige Lazarus zu ihm auf wie zu einem Herrgott und erstarb täglich und stündlich im unterwürfigsten Respekt. Seine Arbeitskraft hingegen wußte der bequeme Herr Baron in jeder Weise auszubeuten. Doch vergingen viele Jahre, bis Lazarus Sauerteig endlich zum Sekretär ernannt wurde und damit ein kleines Gehalt erhielt.

Obwohl er nun erst Mitte der Dreißiger war, glich er schon einem ältlichen Manne; alles an ihm strebte jetzt noch mehr hernieder wie vordem. Auf seiner etwas knolligen Nase saß eine gewaltige Hornbrille, über die ein Paar blasse Augen unstet hinwegsahen. Er trug gewöhnlich eine Kappe mit großem Schirmdach, einen hohen Kragen, eine weiße, hoch hinaufgehende und festgeschlungene Halsbinde, einen etwas kurzen, braunen, abgeschabten Rock und Beinkleider, die kaum bis zu den Knöcheln reichten.

Aber trotz aller dieser äußeren Mängel gelang es ihm doch, die Neigung einer hübschen Assessorswitwe namens Amalie Fruhmann zu gewinnen, mit welcher er sich zu verehelichen gedachte, sobald er zum Assessor befördert würde. Vergebens aber wartete er, und nicht minder sehnsüchtig seine Freundin, von Jahr zu Jahr auf die Beförderung.

Lazarus konnte sich nicht erklären, warum er fortwährend übergangen wurde. Sein Chef war doch stets mit ihm zufrieden, er konnte nicht pflichteifriger sein und war jedenfalls der fleißigste Beamte am ganzen Landgericht. Die Ursache aber lag daran, daß der Amtsvorstand ihn nicht zur Beförderung als Richter begutachtete. Einesteils mochte es ja wahr sein, daß sich der stets unterwürfige Mann und aller Welt gehorsamste Diener zum Richter nicht eignete. Der Landrichter aber hatte noch seinen ganz besonderen Grund. Er konnte nämlich die Hilfe Sauerteigs, der alle Arbeiten fertig machen mußte und ihn jeder Selbstarbeit überhob, namentlich in Verwaltungssachen, die damals noch dem Ressort des Landgerichts unterstellt waren, nicht mehr wohl entbehren. Als Assessor mußte aber Sauerteig wahrscheinlich versetzt werden, und in dieser Eigenschaft hätte ihn der Landrichter dann nicht mehr ausbeuten können.

Und so harrte der Ärmste Jahr um Jahr. Endlich – endlich gingen aber auch ihm die Augen auf, und er sah ein, daß er bisher nur der Pudel des Herrn Baron gewesen und dieser allein die Schuld an seiner Zurücksetzung trug. Er hatte nämlich zufällig von seiner Qualifikation (Beurteilung) an das Ministerium Einsicht genommen, worin es hieß: „Ist zwar sehr diensteifrig, eignet sich aber nicht zum Assessor wegen großer Unbehilflichkeit und völligem Mangel an Energie und Selbständigkeit. Auch würde seine äußere Erscheinung der Würde des Richterstandes nicht entsprechen . . ."

Von diesem Augenblick an war Lazarus Sauerteig wie umgewandelt. Eine Bitterkeit griff in seinem Herzen Platz, wie er sie in seinem ganzen Leben nie gefühlt. Jetzt endlich taute es in ihm auf; er fing an, sich seiner selbst bewußt zu werden.

Mangel an Energie! Der Landrichter hatte da schon recht, aber der Teufel habe Energie und Selbstbewußtsein, wenn er stets mit Pfennigen und Kreuzern rechnen und dabei hungern muß! Die Assessorswitwe riet ihm als das Beste an, selbst nach der Hauptstadt zu reisen und bei dem Minister vorstellig zu werden. Sie glaubte, es wäre auch von guter Wirkung, wenn er die Exzellenz an dessen Korpsbruder Fruhmann, ihren verstorbenen Mann, den Assessor, mit dem er in der Jugend sehr intim gewesen, erinnern würde. Die Zeit war jetzt günstig, da in dem Nachbarorte Sterzenfeld eine Assessorstelle frei geworden, um die er sich gleich bewerben könne.

Dem Lazarus Sauerteig gefiel das. Auch war es ihm darum zu tun, dem Landrichter bei dieser Gelegenheit eins anzuhängen, weil ihn dieser so meuchlings verschlagen hatte.

Der Landrichter hatte sich daran gewöhnt, alles ungelesen zu unterschreiben, was ihm der Sekretär unterbreitete. Er las überhaupt nichts. Er wußte, daß nichts fehlte, wenn der gewissenhafte Sauerteig es gefertigt hatte, und da kam der sonst so sanftmütige Lazarus auf den Einfall, ein Todesurteil für den Landrichter aufzusetzen, worin in satirisch-mutwilliger Weise die strafbare Bequemlichkeit und mancherlei anderes, sowie die Qualifikation des Sekretärs als hinterlistig richtig beleuchtet wurde und schließlich der Landrichter sich selbst zum Tode verurteilte.

Dieses Dokument, an das Justizministerium adressiert, legte der Sekretär nebst anderen Schriftstücken dem Amtsvorstand zur Unterschrift vor und richtig unterschrieb dieser, ohne es gelesen oder auch nur sich um den Inhalt bekümmert zu haben, und das Amtssiegel wurde vorschriftsmäßig darauf gepreßt. Und mit diesem Dokument in der Tasche wanderte der Sekretär nach erhaltenem Urlaub, teils zu Fuß, teils im Stellwagen, nach der Hauptstadt. Dort borgte er sich in einer Kleiderleihanstalt einen schwarzen Frack und kaufte sich weiße Handschuhe und eine weiße Halsbinde. Der Frack roch zwar verdächtig nach Weihrauch, denn er hatte erst am vorhergehenden Tage bei einer Beerdigung Verwendung gefunden, aber das genierte den Sekretär nicht. Er hatte nur die Form seiner Ansprache an den Minister im Kopf, und nicht ohne Zagen stieg er die Treppe hinauf, die ihn zum Büro des Ministers

führte. Auf seine Anfrage wies man ihn nach dem Anmelde-
zimmer. Ein alter, scheinbar sehr jovialer Diener befand sich
hier. „Ah, Sie entschuldigen, ich wollte nur um die Gnade einer
Audienz bei Seiner Exzellenz untertänigst gehorsamst gebeten
haben."

„Sind Sie hierher befohlen?" fragte der Diener, sich in Posi-
tion werfend, als er die demütige Haltung Sauerteigs gewahrte.

„Befohlen? O nein, nichts weniger als das. Ich bin der Landgerichtssekretär Lazarus Sauerteig von Berghofen."

„So – so – Lazarus Sauerteig – ein komischer Name. Aber was
wollen Sie denn von uns?" fragte der Diener.

„Ich möchte Seine Exzellenz untertänigst gebeten haben, auf
die erledigte Assessorstelle in Sterzenfeld befördert zu werden."

„Ah so!" erwiderte der andere. „Da war heute schon ein Herr
hier in derselben Absicht. Ihre Exzellenz sind aber vor elf Uhr
nicht im Büro, und so ist es jedenfalls für Sie ein Glück, wenn
Sie der erste sind, der sich persönlich um den Posten bewirbt,
denn wer zuerst kommt . . . Sie kennen das Sprichwort schon.
Bleiben Sie nur einstweilen hier, nehmen Sie Platz. Sobald
Exzellenz kommen, werde ich Sie melden. In der Regel gehen
Exzellenz durch den vorderen Eingang in ihr Kabinett. Ich
werde es Ihnen schon sagen, wenn es Zeit ist. Nehmen Sie doch
Platz, Herr – Sauerteig." Lachend entfernte er sich mit einem
Aktenbündel.

Lazarus gab sich seinen Betrachtungen hin. Er fühlte, er war an
einem Wendepunkt seines Lebens angelangt. Da, nach einer
geraumen Weile, kam ein Herr im Frack und Hut und ging
geradenwegs auf die Tür zum Kabinett des Ministers zu.

Das war ohne Zweifel der Mitbewerber um die erledigte Assessorstelle, von dem der Diener ihm gesagt hatte. „Sie! pst! pst!"

machte Sauerteig. „Wo wollen Sie denn hin? Der Minister ist ja nicht zugegen. Wenn er aber kommt, bin ich bereits als der erste zur Audienz vorgemerkt."

Der Herr wandte sich Sauerteig zu und konnte sich bei dessen Anblick des Lächelns kaum erwehren.

„Befürchten Sie nichts", sagte er. „Ich mache Ihnen den Vortritt nicht streitig. Mit wem habe ich die Ehre?"

„O, ich bitte, ganz meinerseits", entgegnete Lazarus jetzt unter Bücklingen und wieder voll Höflichkeit. „Ich bin der Landgerichtssekretär Sauerteig aus Berghofen."

„Und was wünschen Sie vom Minister?"

„Mein Recht!" erwiderte Lazarus mit einem Anflug von Entschiedenheit.

„Nun, das wird Ihnen unter allen Umständen auch zuteil werden. Kennen Sie den Minister?"

„Nein, wie sollte ich auch, aber ich möchte doch ergebenst gebeten haben, mir zu sagen, mit wem ich . . ."

„Ah so, ich – ich bin zur Zeit in sehr abhängiger Stellung, wie man so sagt, Prügeljunge für alles . . ."

„Ah, und da wollen Sie auch den Assessorposten in Sterzenfeld haben?"

„Warum nicht gar?"

„Nicht? O, dann wird mir schon wieder leichter ums Herz. Ich glaubte einen Mitbewerber . . ., aber erlauben Sie mir", sagte er jetzt plötzlich den Herrn musternd, „ich möchte Sie auf etwas aufmerksam machen in Ihrem eignen Interesse. Sie haben nicht einmal eine weiße Krawatte und weiße Handschuhe. Wagen Sie denn ohne solche eine Audienz beim Herrn Minister?"

„Warum nicht? Krawatte und Handschuhe machen den Mann nicht, besonders wenn letztere so schäbig sind wie die Ihrigen."

Lazarus schien seine linke Hand rasch verstecken zu wollen. „Haben Sie bemerkt, daß die linke Hand nur so eingewickelt ist?" fragte er erschrocken. „Beim ersten Einschlupf – patsch – rissen sie wie Fließpapier auseinander. Ich kann mir aber kein zweites Paar mehr kaufen. Glauben Sie, Exzellenz bemerkt das? Und könnte es ungnädig aufnehmen und mich entgelten lassen?"

„Gewiß nicht", beruhigte der andere, „er wird weniger auf Ihre Hand als auf Ihren Kopf schauen."

„Auf meinen Kopf? Ja, mein Kopf, den hab' ich schon lange, wollte sagen, der gehört schon lange nicht mehr mir."

„Nicht Ihnen? Wem denn?"

„Der gehört meinem Amtsvorstand. Dieser Kopf, man sieht's ihm gar nicht an, ist seine rechte Hand. Sie müssen nämlich wissen, daß . . ." Er stockte plötzlich.

„O sagen Sie mir nur, was Sie auf dem Herzen haben. Ich kann Ihnen vielleicht gefällig sein. Sie dürfen mir ungeniert vertrauen. Aber warten Sie einen Augenblick, ich will nur sehen, ob wir nicht gestört werden."

Der Fremde ging zur Tür hinaus; Sauerteig glaubte ihn mit jemand sprechen zu hören. Nach wenigen Augenblicken erschien er wieder und setzte sich neben Sauerteig, den er ebenfalls einlud, Platz zu nehmen.

„So, jetzt legen Sie los. Der Landrichter von Berghofen macht immer sehr umfassende, musterhafte Berichte, soviel ich – zufällig hörte. Er wurde zum letzten Neujahr auch mit einem Orden ausgezeichnet. Ist es nicht so?"

„Ja, ganz richtig. Ich beneide ihn nicht darum, aber es ist hart, wenn man zusehen muß, wie ein anderer die Pastete verzehrt, die man mit so großer Mühe zubereitet, und selbst dabei Hunger leidet."

„Ist das Ihr Fall?"

„Ja, die Pastete, wollte sagen, die Berichte sind mein Werk. Alles, was von Berghofen aus an das Ministerium gelangt, ist mein Werk. Ich sage das nur Ihnen im Vertrauen. Ich möchte mich nicht beim Minister damit groß machen oder die Verdienste meines Amtsvorstandes verkleinern, aber es wird mir grün und gelb von den Augen, wenn ich daran denke, wie er mich in der Qualifikation förmlich als Trottel hingestellt, mich, der ich alles so fix und fertig mache, daß er nur seine hochadelige Unterschrift darunter setzen darf. Er weiß auch, daß er sich auf mich verlassen kann und unterschreibt alles, ohne es zu lesen, selbst die wichtigsten Dokumente, und das würde er gewiß nicht tun, wenn er nicht überzeugt wäre, daß alles in Ordnung ist, und daß alles in Ordnung war, bezeugt der Orden, den er bekommen hat."

„Das ist allerdings sehr unbillig, wenn dem so ist", meinte der andere. „Aber der Vorwurf, daß Ihr Amtsvorstand selbst die wichtigsten Dokumente ungelesen unterschreibt, bedürfte doch wohl eines Beweises."

„Hab' ihn, hab' ihn!" unterbrach ihn Lazarus mit schlauer Miene, „hab' ihn in der Tasche. Sie glauben mir nicht, weil Sie so zweifelhaft lächeln, Sie halten mich wohl gar für einen Verleumder? Werden Sie mir glauben, wenn ich Sie ein Dokument sehen lasse – aber Sie müssen mir versprechen, daß die Sache unter uns bleibt. Ich werde es auch dem Minister nur im dringendsten Falle zeigen, denn ich möchte meinem Vorstand keinen Schaden bringen. Ich will nichts, als befördert werden, um meine Braut, die Assessorswitwe Fruhmann, heiraten zu können."

„Was ist das für ein Dokument?" fragte der andere neugierig. Lazarus zog das Schriftstück aus der Tasche.

„Und Sie versprechen mir . . .?" fragte er zögernd.

„Daß die Sache unter uns bleibt", versicherte der andere.

„Sehen Sie, hier hat der Herr Landrichter sein eignes Todesurteil unterschrieben."

„Sein Todesurteil?"

Lazarus zeigte dem Herrn schmunzelnd das Papier.

„Es war just ein Streich von mir, den mich der Ärger über meine Qualifikation hat spielen lassen", entschuldigte er sich gewissermaßen.

Der Fremde las mit Erstaunen das Todesurteil, dessen Motivierung von großem Witze des Verfassers zeugte. Auf der Unterschrift haftete sein Auge eine geraume Weile. Dann schüttelte er verwundert den Kopf und gab das Schriftstück wieder an Sauerteig zurück.

„Nun, was sagen Sie jetzt?" fragte dieser, das Papier in die Tasche steckend.

„Daß Sie ein witziger Kopf sind. Und da Sie sich so vertrauensvoll an mich wandten, so möchte ich Ihnen den Rat geben, von diesem Beweise, der doch eine Vertrauensverletzung Ihrerseits gegen Ihren Amtsvorstand darstellt, keinen Gebrauch zu machen. Ich finde derartige Racheakte – verzeihen Sie mir – nicht besonders empfehlenswert."

„Nicht wahr? Das hab' ich mir auch schon gesagt", stimmte Lazarus bei. „Es sollte auch nur für den äußersten Notfall sein! Aber Sie haben recht, es wäre hinterlistig, davon Gebrauch zu machen, und damit ich nicht in Versuchung komme, ein Verleumder zu werden, so . . .", damit nahm er das Papier wieder aus der Tasche und zerriß es in kleine Fetzen. „Und jetzt will ich halt sehen, ob mir der Minister aufs Gesicht glaubt, daß ich einer Beförderung würdig bin. Ich glaube kaum."

„Glauben Sie's immerhin. Nicht auf das Gesicht, sondern auf Charakter und Fähigkeiten kommt es beim Manne an."

„Das sagt meine Braut auch."

„Nannten Sie nicht den Namen Fruhmann?"

„Ja, ihr verstorbener Mann, der Assessor, war ein Freund und Korpsbruder des Ministers, und meine Braut hat mir aufgetragen, ihn daran zu erinnern."

Der Fremde blickte ihn eine Weile forschend an, dann sagte er: „Sind Sie denn gerade darauf versessen, Richter zu werden! Ich an Ihrer Stelle würde eine erträgliche Oberverwaltungsratsstelle bei einem Berufungsgericht vorziehen."

„Ja, das wäre mir freilich auch lieber. Aber ich fürchte, es ist zu unbescheiden, und der Herr Minister könnte es mir verübeln, wenn ich . . ."

„Nun, allzu große Bescheidenheit empfiehlt gerade auch nicht. Jeder muß seinen eignen Wert fühlen." Und sich erhebend fuhr er fort: „Ich wünsche Ihnen zu allem herzlich Glück. Reisen Sie getrost nach Hause. Überlassen Sie es mir, dem Minister in Ihrem Namen alles das zu sagen, was er hören darf, und er wird Ihnen ganz gewiß gerecht werden."

„Was fällt Ihnen ein?" rief Sauerteig. „Ich habe meinen letzten Heller für die Reise und den Anzug da verwendet und sollte nicht einmal den Minister sprechen?"

„Wenn ich Ihnen aber sage, daß ich . . ."

„Aber ich kenne Sie ja gar nicht", sprach Lazarus jetzt entschiedener. „Am Ende sind Sie doch der Mitbewerber um die Assessorstelle in Sterzenfeld? Da möchten Sie mich nun überreden, eine andere Karriere zu ergreifen, mich fortzuschicken, wie?"

„Beruhigen Sie sich. Sie werden mich kennenlernen und, wie ich hoffe, auch in freundlicher Erinnerung behalten. Ich werde jetzt nachfragen, ob der Minister noch nicht im Hause ist. Warten Sie halt ab, und sollten wir uns nicht mehr sehen, so leben Sie wohl und Glück für die Zukunft!" Damit reichte er Sauerteig die Hand und schritt dann zur Tür hinaus.

Lazarus Sauerteig wußte nicht, was er sagen sollte. Wer war es,

dem er so unvorsichtigerweise vertraut und der sich so hartnäckig der Pflicht entzogen hatte, sich vorzustellen? War er
der Mitbewerber, war er es nicht? Er grübelte und grübelte,
und schließlich setzte er sich wieder und wartete, in Gedanken
versunken.

Nach einiger Zeit öffnete sich die Tür, die zum Kabinett des
Ministers führte, und der joviale Diener kam mit einem Schreiben heraus, das er dem überraschten Sekretär mit den Worten
übergab: „Von Seiner Exzellenz, dem Herrn Minister. Er
mußte zu einer Sitzung und ist nicht mehr zu sprechen. Den
Bescheid auf Ihr Gesuch enthält das Schreiben."

„O weh!" rief Sauerteig, dem es zu dämmern begann, „das
wird mein Todesurteil sein!"

Mit zitternden Händen erbrach er den Umschlag. Der Inhalt
war eine Hundertguldennote und folgendes Schreiben:

„Es macht mir Vergnügen, Ihnen mitteilen zu können, daß Sie
zur Besetzung der erledigten Oberverwaltungsratsstelle am
Berufungsgericht durch mich bei Seiner Majestät in Vorschlag
gebracht werden. Anbei eine Entschädigung für Reise- und
Toilettekosten. Zur Beförderung und Verehelichung alles
Glück wünschend, bin ich Ihr N. N., Staatsminister."

Sauerteig sperrte den Mund in einer Art Verzückung angel-
weit auf; er glaubte zu träumen. Nach einer Weile fragte er
den Diener: „Aber – wie wußte – ich habe doch kein Wort mit
Exzellenz gesprochen?"

„Na, ich meine, Sie hätten sich lange genug mit dem Minister
unterhalten", erwiderte lächelnd der Diener.

„Ich? Wo?"

„Nun, vorhin, hier in diesem Zimmer."

„Was? Das war . . .?"

„Seine Exzellenz, der Herr Minister", bestätigte der Diener.

„Und ich, gute Nacht!" Mehr brachte Lazarus Sauerteig nicht

heraus. Eine Art Schwindel erfaßte ihn. Wie er zur Tür hinaus- und die Treppe hinabgekommen, wußte er kaum. Als er noch an demselben Tage auf der Heimreise wieder im Stellwagen saß, lachte er stoßweise vor sich hin. Die Mitreisenden hielten ihn für verrückt, doch es waren nur Ausbrüche der Freude, die nach seiner Heimkehr seine Braut mit ihm teilte.

Die Urkunde über seine Ernennung traf schon nach einigen Tagen ein. Jetzt war das Überraschtsein an dem Herrn Landrichter. Als er Sauerteig gratulierte, konnte er nicht umhin, etwas sauersüß zu bemerken:

„Sie müssen diese für Sie so günstige Ernennung einem äußerst glücklichen Umstande zu verdanken haben."

„So scheint es", antwortete der neuernannte Beamte, „ganz eigentümliche Ursachen sind es oft, die das Glück herbeiführen. Ich kenne sogar einen Fall, wo dies durch ein Todesurteil erreicht wurde."

„Nicht möglich! Diesen Fall müssen Sie mir erzählen", meinte der Landrichter lachend. Lazarus Sauerteig lachte auch, erzählte aber nichts. Daß dieser Fall vielleicht auch mit der bald darauf wegen vorgerückten Alters erfolgten Pensionierung des Landrichters im Zusammenhang stand, ahnte der letztere natürlich nicht.

Sauerteig aber machte es sich und seinen Untergebenen zur wichtigsten Regel, niemals etwas zu unterschreiben, was man nicht gelesen hat.

Maximilian Schmidt

DIE KOLLEKTE

In einem der größten Säle Berlins war eine Versammlung einberufen worden, um möglichst weite Kreise für die neubegründete Mission in Deutsch-Ostafrika zu gewinnen. Der Vorsitzende, Pastor Diestelkamp an der Nazarethkirche, wußte wohl, daß, wenn man die christlich gesinnten Kreise von ganz Berlin zusammenbringen wollte, man den Namen Frommel auf die öffentlichen Einladungen schreiben mußte; denn dann kamen die Leute wie die Fliegen zum Honigtopf. Er hatte auch schon die vorläufige Zusage Frommels. Als er aber den Saal mieten wollte, zeigte es sich, daß dieser mit Ausnahme eines einzigen Abends für lange hinaus schon vermietet war. Um ihn sicher zu bekommen, belegte er ihn und ließ auch die öffentlichen Einladungen mit Frommel als Hauptredner ergehen, ohne sich vorher zu versichern, daß Frommel an diesem Abend auch kommen könne. Als er aber mit dieser Nachricht zu Frommel kam, erklärte dieser, er sei leider für diesen Abend schon lange gebunden. Er habe bei dem und dem Staatsminister für späte Stunde eine Taufe übernommen und habe versprechen müssen, auch zum Taufessen dazubleiben. Die Familie habe die Tauffeier ausdrücklich so angesetzt, um ihn sicher auch als Tischgast dazuhaben. Er würde gewiß der ostafrikanischen Mission gerne dienen, aber in diesem Falle dürfe er sein gegebenes Wort nicht zurückziehen. Indessen Diestelkamp war ein beharrlicher Westfale. Er ließ nicht nach, bis endlich Frommel sagte: „Gut, ich werde tun, was ich kann, und die Hausfrau um die Erlaubnis bitten, früher von Tisch wegzugehen. Aber ob ich schon um acht Uhr dasein kann, ist mir sehr zweifelhaft."

Der Abend kam. Früh füllte sich der gewaltige Saal, denn alles freute sich darauf, wieder einmal Frommel bei einer solchen Gelegenheit zu hören. Droben auf der Rednerbühne saßen die Herren des Vorstandes, und drunten füllten sich die Reihen, bis kein Platz mehr frei war. Es war acht Uhr, die angekündigte Stunde des Beginns, aber noch immer kein Frommel da. Es wurde ein Viertel nach acht, aber noch immer rührte sich nichts. Die Versammlung begann unruhig zu werden. Um Zeit zu gewinnen, ließ der Vorsitzende ein Missionslied singen. Aber noch immer erschien kein Frommel. Jetzt mußte einer der Herren des Vorstandes das Rednerpult besteigen, wenn nicht die schon murrende Versammlung auseinandergehen sollte. Ich weiß nicht mehr, wer es war. Er machte bekannt, daß wegen eines unglücklichen Zusammentreffens der angekündigte Redner noch nicht habe kommen können, er wolle daher einstweilen die Lage und die Ziele der ostafrikanischen Mission darlegen. Er redete alles mögliche, was ihm über Afrika einfiel, um die Versammlung festzuhalten. Aber wie sehnsüchtig er und der ganze Vorstand immer wieder zur Eingangstür hinüberspähten, der Erwartete kam nicht. Endlich war der eingeschobene Redner mit seinem Latein zu Ende und schloß mit einer gelinden Verzweiflung, indem er nochmals seinem Bedauern über das Ausbleiben Frommels Ausdruck gab. Er fügte aber die bewegliche Bitte hinzu, wegen dieser Enttäuschung doch die nun folgende Geldsammlung für Ostafrika nicht zu kurz kommen zu lassen. Eine Tellersammlung wurde veranstaltet, und die Anwesenden, ärgerlich über das Nichteinhalten der Ankündigung, legten eine etwas spärliche Kollekte zusammen.

Zum Schluß ließ der Leiter der Versammlung noch singen: „Nun danket alle Gott". Alle stimmten auch herzhaft ein; denn man war wirklich froh, daß es zu Ende ging. Da, als sie gerade an den „Kindesbeinen" angekommen waren, wer erscheint dort auf einmal am Eingang im lang herabwallenden weißen Haar, den Zylinder in der Hand? Emil Frommel! Alle reckten die Hälse und sahen erfreut die wohlbekannte, ehrwürdige Gestalt durch die dichtgedrängten Menschenreihen gehen.

Pastor Diestelkamp eilte ihm entgegen und sagte ihm mit betrübter Miene, wie übel der Abend verlaufen wäre. Betroffen fragte Frommel: „Habt ihr denn schon geschlossen?"

„Ja, so ziemlich."

„Auch die Kollekte gesammelt?"

„Auch das."

„Schöne Kollekte?"

„Ja, schöne Kollekte! Wir hatten viel mehr erwartet."

„Soll ich vielleicht doch noch ein Wort sagen?"

„Ja, versuchen Sie's. Aber der Abend ist nun einmal mißglückt."

Da trat Frommel auf die Rednerbühne, entschuldigte sich wegen seines unverschuldeten Ausbleibens und sagte: „Ich hatte vor, Ihnen eine wunderschöne Geschichte zu erzählen. Aber es ist eigentlich schon zu spät. Soll ich sie vielleicht doch noch erzählen?"

Ein vielstimmiges Ja war die Antwort.

Da sagte er: „Ich will sie an denselben Text anknüpfen, über den ich heute abend meine Tauffeier gehalten habe. Er heißt: ‚Er segnet, die den Herrn fürchten, beide, Kleine und Große. Der Herr segne euch je mehr und mehr, euch und eure Kinder.' Ist das nicht ein wunderschöner Text?"

Viele in der Versammlung nickten oder riefen laut: Ja!

„Ja, Sie haben recht, es ist ein wunderschöner Text. Er ist so schön, daß man eigentlich verlangen muß, daß jeder Christ, der seine Bibel fleißig liest, weiß, wo er steht. Wo steht der Text?"

Tiefes Stillschweigen.

„Keiner? Das tut mir leid. Aber ich sehe da in den Reihen soviele weiße Binden. Das sind lauter Pastoren. Die Pastoren werden doch hoffentlich wissen, wo dieser schöne Text steht. Nun, ihr Amtsbrüder, wo steht der Text?"

Abermals tiefes Stillschweigen.

„Keiner? Das ist eine Schande! Ich stelle den Antrag, daß jeder anwesende Pastor, der nicht weiß, wo der Text steht, zur Strafe einen Taler in die Kollekte zahlt. Ich lasse über den Antrag abstimmen. Wer dafür ist, der erhebe den Arm!"

Ein Wald von Armen ging hoch.

„Der Antrag ist einstimmig angenommen. Nun, noch einmal, ihr Amtsbrüder, wo steht der Text?" Und nun nannte er all die Pastoren, die er mit scharfem Auge im Saal entdeckte: „Diestelkamp, wo steht der Text?"

Diestelkamp erhob sich mit seiner breitschultrigen Gestalt und rief mit Stentorstimme: „Ich zahle einen Taler!"

Und so erklang Name um Name, und unter wachsender Heiterkeit wiederholte sich jedesmal, bald mit hoher, bald mit tiefer Stimme, die Antwort: „Ich zahle einen Taler!"

Frommel: „Ich bitte jetzt die Mitglieder des Christlichen Vereins Junger Männer, sich je mit Teller oder Hut zu bewaffnen und die Reihen unter sich zu verteilen. Holen Sie die schuldigen Taler ein, und lassen Sie ja keine der weißen Binden aus!"

Nun begann ein fröhliches Sammeln, und unter allgemeiner Heiterkeit wurden die vielen Taler eingesammelt.

Jetzt begann Frommel wieder: „So, die Taler sind jetzt beisammen, und sie haben hoffentlich den Ertrag der Kollekte schon bedeutend vermehrt. Aber ich habe mit Bedauern bemerkt, mit welcher Schadenfreude Sie den Anruf der Pastoren begleitet haben, als ob es Ihnen ein wahres Vergnügen wäre, daß denen auch einmal eins ausgewischt wurde. Indessen der Text ist, wie Sie selbst bestätigt haben, so schön, daß man eigentlich auch von jedem Christenmenschen, der seine Bibel kennt, verlangen muß, daß er weiß, wo er steht. Ich stelle daher den zweiten Antrag, daß auch alle anderen, die das nicht wissen, gleichfalls ihre Strafe in die Kollekte zahlen. Von den Laien kann man darin nicht soviel verlangen wie von den Pastoren. Aber ich beantrage, daß alle anderen, wenn nicht einen Taler, den ihnen unsere Missionssache doch wohl wert ist, zum mindesten eine Mark bezahlen. Wer für den Antrag ist, der erhebe den Arm!"

Wieder ging ein Wald von Armen hoch.

„Einstimmig angenommen!" rief Frommel fröhlich. „Nun, noch einmal sammeln, und dann erzähle ich Ihnen die wunderschöne Geschichte." Und nun gingen wieder die Hüte und Teller mit musterhafter Geschwindigkeit durch die Reihen, und unter dem Jubel der Versammlung wurde eine schwere Kollekte ausgeschüttet, wie man sie selten erlebt hatte.

Jetzt erst, als nicht nur die verunglückte Kollekte mit glänzendem Erfolg wiederholt, sondern auch die Stimmung der Versammlung auf die Höhe gebracht war, begann Frommel seine Rede. Er erzählte seine wunderschöne Geschichte und manches andere dazu, und wußte immer wieder jedem das Herz so warm zu machen, daß, als er schloß und die Versammlung in später Stunde auseinanderging, alle meinten, einen so schönen Abend hätten sie schon lange nicht mehr mitgemacht.

Böse Zungen erzählten später, am nächsten Morgen sei Pastor Diestelkamp Frommel auf der Straße begegnet und habe nach der Begrüßung zu ihm gesagt: „Aber, Herr Hofprediger, das war doch nicht schön, daß Sie uns gestern so vor der ganzen Versammlung blamiert haben. Sie hätten ja alles machen können, aber Sie brauchten uns doch nicht so einzeln mit Namen vor der ganzen Versammlung an den Pranger zu stellen. Aber immerhin, Ihnen kann man nichts übelnehmen, und unsere Kollekte haben Sie uns famos herausgerissen. Übrigens, wo steht denn eigentlich der Text?" Da habe ihm Frommel auf die Schulter geklopft und gesagt: „Ja, mein lieber Diestelkamp, wenn ich das nur selber wüßte! Jedenfalls steht er irgendwo in den Psalmen und ist ein ganz wunderschöner Text." Wenn das richtig ist, so war es natürlich nur wieder der Frommel-sche Schalk, der diesen heiteren Schluß machte. Ich jedenfalls und gleich mir viele andere, haben seither nie vergessen, wo der Text steht. Er steht Psalm 115, 13. 14.

Ludwig Schneller

EUGEN KNILLER

Eugen Kniller war eigentlich ein öder Mensch. Er hatte keine
Interessen und Neigungen, die über das Gewöhnliche und
Niedrige hinausgingen, und sein einziger Wunsch war, reich
zu sein um des Reichtums willen. Bei seiner außerordentlichen
Gier nach Erwerb und Besitz fehlte ihm jedoch gänzlich die
findige Tatkraft, die notwendig ist, seine Güter schnell und
sicher zu vermehren, und sein ganzes Tun und Denken ging
darauf hin, das kleine Vermögen, das er besaß, und das, was er
erwarb, festzuhalten und sich möglichst kostenlos durchs
Leben zu schinden.

Zwar ganz ohne luxuriöse Neigungen war er doch nicht. Eugen
Kniller hielt sich einen Hund namens Fips. Er war eines jener
kleinen, dünnen Windspiele, die, wenn sie laufen, ihre Beine
so unglaublich durcheinander wirbeln, daß es ein wahres Rätsel
ist, wie sie es anfangen, keinen Knoten hineinzuschlagen. Bei
näherer Betrachtung erwies sich jedoch dieser Luxus als ein
Blendwerk, denn das Tier kostete ihm nichts, weil es abgerich-
tet war, sich von anderen ernähren zu lassen, und von seinem
Herrn nie eine Brotkrume erhielt. Um so freigebiger war er
gegen diesen Hund mit allerlei Anerbietungen und fragte ihn
bei jeder Gelegenheit, ob er ein Beefsteak essen wolle – oder
ein Dutzend Austern? Ob er Neigung habe, ein Glas Madeira
zu trinken? Ob er eine feine Havanna rauchen wolle? Ja, im
Vertrauen darauf, daß der Hund der deutschen Sprache nicht
mächtig war und ihn niemals beim Wort halten konnte, ver-

stieg er sich dazu, ihm ein Theaterabonnement und eine Rheinreise zu versprechen.

Eugen Kniller wohnte bei Frau Zimpernich, einer Witwe, die ein kleines, winziges Haus besaß, das zwischen zwei hohen Nachbarhäusern eingeklemmt war. Den unteren Teil bewohnte sie selber, während in dem oberen, der aus einer einzigen nach dem Hofe zu gelegenen Dachstube bestand, der genügsame Mietsmann sein Reich hatte. Aus dem Fenster sah man auf einen feuchten, sonnenlosen Hof, auf dem einige traurige Hühner einhergingen, die sich ohne Hahn behelfen mußten. Eine notdürftige und rein moralische Anregung zu dem Berufe des Eierlegens erhielten sie einzig und allein durch das Krähen eines benachbarten, der zwei Höfe weiter seine Stimme erschallen ließ. Frau Zimpernich war nämlich eine Gesinnungsgenossin ihres Mietsmannes und hielt einen Hahn für einen prunkhaften und unnützen Esser, der das in ihn gesteckte Kapital auch nicht durch das geringste Windei vergütete.

Die beiden Leute, die sich als Geistesverwandte bald erkannt hatten, besaßen eine gewisse Sympathie füreinander, wie sie Leute derselben engen Gemeinde immer unter sich hegen. Sie hatten beide nur zwei Stäbchen in ihrem Gehirn, auf denen ihre Gedanken wie gefangene Vögel unablässig auf und ab hüpften. Das eine dieser Stäbchen hieß „Zusammenkratzen", das andere hieß „Sparen". Sie gehörten zu der Klasse von Leuten, die bei irgendeiner Sache niemals nach ihrem inneren Werte, nach ihrer Schönheit oder nach ihrer Zweckmäßigkeit fragt, sondern nur danach, wieviel sie gekostet hat, sie waren beide von der Art, daß ihnen Triumph und einziger Ehrgeiz war, andere Leute in Hinsicht auf die Billigkeit ihrer Erwerbungen und die Kostenlosigkeit ihres Daseins zu übertreffen.

Trotzdem schienen sie jedoch in dauerndem Unfrieden zu leben; sie suchten sich stets zu schrauben und zu drücken und waren ewig um irgendeine kleine nörglige Sache in Streit und Aufregung. Dem Kenner entging jedoch nicht, daß dies nur unschuldige Turnübungen ihres Geistes waren und unter dieser rauhen Asche der Funke einer heimlichen Zuneigung verborgen glimmte.

Eines Abends, als ich an dem Häuschen vorbeikam, wandelte mich die Laune an, Herrn Kniller einmal zu besuchen. Ich kannte ihn schon seit langer Zeit, da er regelmäßig am Sonnabend in meinem Stammwirtshause erschien und geduldig die ganze lange Zeit an einem Glas Bier sog. Dies war der äußerste Luxus, den ich je an ihm bemerkt hatte. Dabei liebte er es, mit denen, die ein Beefsteak oder Gänsebraten oder dergleichen verzehrten, ein Gespräch über diese Nahrungsmittel anzuknüpfen, deren gutes Aussehen zu loben und die Kleinheit der Portionen zu tadeln, indem er zugleich lüstern mit seiner spitzen, bleichen Nase den süßen Duft der Speisen einsog. Zugleich besaß er die Geschicklichkeit, den beängstigenden Anschein zu erwecken, er würde sich im nächsten Augenblick zu einer Tat hirnloser Verschwendung hinreißen lassen und ebenfalls dem Kellner eine Bestellung aufgeben, was aber niemals geschah. Nur eines Abends, als er wie gewöhnlich sorgfältig die ganze Speisekarte durchgelesen hatte, begab sich das Ungeheure.

„Kellner", rief er, „bringen Sie mir Hummer!"

„Bedaure", sagte dieser, „ist nicht da, steht auch nicht auf der Karte."

„So, ich glaubte es gelesen zu haben", sagte Herr Kniller, „nun, es ist gut, da danke ich, ich hatte nur so einen Jieper (Hunger) auf Hummer."

Einmal ward ihm jedoch ein großer Schmerz angetan. Die

Tischgesellschaft hatte zusammengelegt und für den von seinem Herrn einzig mit hochtrabenden Versprechungen gefütterten Windhund Fips ein Dutzend Austern bestellt, in der richtigen Voraussetzung, jenem, der, sobald er kostenlos dazu kommen konnte, sehr gern etwas Gutes aß, dadurch Höllenqualen zu bereiten. Die Austern wurden gebracht, ohne daß Kniller eine Ahnung von der Verschwörung hatte. Fips ward auf einen Stuhl gesetzt, ihm eine weiße Serviette umgebunden, und die Fütterung begann.

„O du meine Zeit!" rief Kniller, als der Hund die erste Auster verschluckt hatte und sich wohlgefällig das Maul bis an die Ohren leckte, „das unvernünftige Tier!"

Fips bekam die zweite Auster. Sein Herr war vor Entsetzen ganz blaß geworden und rief:

„Ach, das ist ja ein Jammer! Das Tier hat keinen Verstand davon, das ist ja sündhaft!"

Bei der dritten verklärten sich plötzlich seine Züge.

„Ach, ich merke schon", sagte er, „sie sind verdorben! Nicht wahr? Ei du mein Fipschen, das schmeckt! Ja, du Leckermaul, Austern, das ist so ein Futter für dich!"

Ihm ward jedoch die vierte Auster unter die Nase gehalten mit der Bemerkung: „Ganz frisch, heute erst aus Hamburg gekommen!"

„Meine Herren", sagte er ganz weinerlich, „wenn Sie einmal generöse Gelüste haben, so könnten Sie jemand damit beglücken, der Verstand davon hat. Nein, so ein Jammer! Wurstpelle würde ja dieselben Dienste tun!"

Als er aber bemerkte, daß sein Lamentieren nichts half, sagte er, ihm würde ganz schlimm, er könne es nicht mitansehen, und zog sich tiefsinnig und gebrochen in den Hintergrund zurück. Er erholte sich an diesem Abend von diesem Schlag nicht wieder, blieb still und in sich gekehrt, betrachtete seinen austerngefüllten Hund mit Blicken des Widerwillens und der Abneigung und ging früher als gewöhnlich nach Hause.

Diese Erinnerungen gingen mir durch den Sinn, als ich die Stufen zu Knillers Wohnung hinaufstieg. Ich traf ihn bei seinem Abendessen. Er bearbeitete ein Stück trockenes Brot von ungeheurer Dicke und verzehrte dazu eine Wurst von zweifelhaftem Aussehen, deren Zusammensetzung ein düsteres und blutiges Geheimnis ihres Verfertigers war.

Man muß nicht denken, daß es so überaus ärmlich und dürftig in dieser Dachstube ausgesehen hätte, aber das war nicht Knillers Verdienst, denn die alten wohlerhaltenen Möbel, die das Zimmer enthielt, waren durch Erbschaft in seinen Besitz gekommen. Auch bekundete sich seine Tierliebhaberei durch die Tatsache, daß am Fenster in einem von ihm selber erbauten Lustschlosse von Draht und Glas eine ganze Familie von Zwergmäusen hauste, die sich wahrscheinlich deshalb seiner besonderen Zuneigung erfreuten, weil diese Tiere die kleinsten Mägen besitzen. Auch ein sehr schmaler Kanarienvogel von spärlichem Federwuchs und trübseliger Physiognomie hing in einem defekten Drahtbauer an der Wand. Dieser war ihm einmal zugeflogen und war vermutlich ein Weibchen, denn weder Überredung noch Schmeichelei hatten ihn jemals zum Singen bewegen können. Kniller vermochte sich jedoch nicht von ihm zu trennen, da er die dumpfe Hoffnung in seinem Innern trug, „des Gesanges Gabe" möchte doch noch einmal in diesem Tiere erwachen und ihm Gelegenheit geben, es teuer zu verkaufen.

Als er sich überzeugt hatte, daß ich kein Geld von ihm borgen wollte, was immer seine heimliche Furcht war, wenn ihn jemand besuchte, ward er ganz zutraulich. Wir saßen am Fenster und sprachen über allerlei Dinge, und als Frau Zimpernich zufällig über den Hof nach ihrem kleinen feuchten Krautgarten ging, betrachtete er ihre sterile Rückseite mit einem prüfenden, nachdenklichen Blick und sagte: „Die Frau hat sich doch gut konserviert, sie ist fünfunddreißig Jahre alt."

Da ich die Vermutung hegte, Frau Zimpernich sei von Mutterleib und Kindesbeinen an eine mit gelblicher Haut überzogene Zusammenstellung von eckigen Knochen gewesen, so konnte ich ihm nur recht geben.

Nachdem er seine kleinen, kalten, gelbbraunen Augen noch eine Weile auf der Stelle hatte ruhen lassen, wo sie verschwunden war, sagte er: „Ich möchte nur wissen, wieviel sie hat, es müssen an die zehntausend Mark sein. – Und das Haus", fügte er nach einer Weile hinzu, „es könnte mehr sein, denn ihr verstorbener Mann hat mit seinem Aufkäufergeschäft viel Geld verdient. Aber der wollte gut leben. Sonntags mußte er seinen Braten haben, und ein paar Flaschen Wein lagen stets im Keller. Frau Zimpernich hat von der Zeit her noch welchen liegen."

„Ach, die Frau ist fleißig", sagte er dann in einem Ton unbegrenzter Hochachtung, – „und wirtschaftlich. Den ganzen Tag rasselt unten die Nähmaschine. Das mit den Hühnern sieht nur wie ein Luxus aus, es ist aber keiner, denn die bekommen nur den Abfall, und die Eier verkauft sie."

Dann trommelte er eine Weile mit den Fingern auf den Tisch und blickte mich zwei-, dreimal von der Seite an. Endlich sagte er zögernd, indem er mit dem Daumen auf den Ort, wo Frau Zimpernich sich aufhielt, und dann auf sich zeigte: „Was meinen Sie, wenn wir beide das Unsrige zusammentäten, ich denke, es wär' ne Frau für mich?"

„Aber Herr Kniller", sagte ich, „die ist ja bedeutend älter als Sie, und schön ist sie auch nicht.

„Nur fünf Jahre", sagte Kniller leichthin, „und auf das Äußerliche lege ich keinen Wert, ich bin mehr für das Innerliche, das Solide." Dazu machte er die Pantomime des Geldzählens, kniff die kleinen Äuglein zusammen und schmunzelte. Es war, als wenn die Sonne auf einen Kehrichthaufen scheint.

„Wenn sie mich nur nimmt?" fuhr er fort. „Aber ich habe ja ein bißchen . . . nicht viel", fügte er ängstlich ein, „aber ich denke, es wird ihr genug sein. Ich denke, ich wage es."

Der Vorsatz, Frau Zimpernich zu heiraten, war gräßlich, aber er war Knillers durchaus würdig. Und von dem Standpunkt der Vervollkommnung der Rasse konnte man kaum gegen diese Verbindung etwas einwenden, denn wurde dadurch eine Nachkommenschaft erzielt, so war vorauszusehen, daß diese die addierten Eigenschaften der Eltern erben würde, und ein Geschlecht von Knickern entstände, wie es die Welt noch nicht gesehen hat.

Ich sprach mich demnach gegen Kniller derart aus, daß sich bei näherer Überlegung meine Bedenken zerstreut hätten und ich die Partie als für ihn außerordentlich passend bezeichnen müßte. Dies schien ihn sichtlich zu erfreuen; er rief seinen kleinen Hund herbei und sagte zu ihm: „Hast du's gehört, Fips? Na, wenn aus der Sache was wird, dann lasse ich dir einen neuen Überzieher machen! Von blauem Sammet mit goldenen Troddeln! Ei, du altes, dummes Hündchen! Willst 'ne Portion Rührei haben?!"

Es wurde wirklich etwas aus der Heirat, und ich bin selber auf der Hochzeit gewesen. Bei dieser Gelegenheit gaben beide ihrem Herzen einen Stoß, und es ward ein unerhörter Luxus entwickelt.

Sie fuhren sogar zur Kirche in einem alten, baufälligen Wagen, der wie der spukende Geist einer Chaise aus dem vorigen Jahrhundert aussah. Es waren zwei Tiere mit je vier Beinen davorgespannt, von denen der Kutscher aussagte, es seien Pferde. Man konnte aber den Mann nicht für einen klassischen Zeugen erachten, da er bei der Sache interessiert war. Frau

Zimpernich schimmerte mit ihrem Zitronenantlitz in säuerlicher Glückseligkeit aus dem weißen Brautkleide hervor, in dem sie bereits ihr erstes Opfer an den Altar begleitet hatte, und beide waren so mager, spitz und eckig, daß man es ihnen auf eine halbe Meile weit ansehen konnte, sie seien füreinander geschaffen. Die Stadt war glücklich. Es fehlte nicht viel, so wäre geflaggt worden. Die Straßenjungen schlugen Rad, um ihre Freude nur einigermaßen zu dämpfen, und schrien Hurra, bis sie vor Heiserkeit nicht mehr konnten. Die Kirche war überfüllt bei der Trauung, aber mir schien, es war keine rechte Andacht unter den Leuten.

Bei dem Hochzeitsmahle ging es hoch her. Die alten Weinvorräte des seligen Zimpernich waren geopfert, und es prangte dort eine Terrine mit einer rötlichen Flüssigkeit, in der einundzwanzig Erdbeeren schwammen, es können aber auch zweiundzwanzig gewesen sein. Mich dünkt, die Bowle war recht gut, nur schmeckte sie für mein Gefühl zu stark nach der Pumpe, und als sich eben allmählich eine Art von verdünnter, säuerlicher Lustigkeit in der Gesellschaft verbreitet hatte, war sie leer. Sie blieb es auch. Meine Tischnachbarin war ein kleines, rundliches, älteres Fräulein und so elektrisch mit Lachstoff geladen, daß es ordentlich ängstlich war, sich mit ihr zu unterhalten, weil man immer fürchten mußte, sie würde in ihren Konvulsionen einmal steckenbleiben, und auf der anderen Seite hatte ich eine junge, sehr ernsthafte Dame, die späterhin sentimentale Lieder sang mit einer Stimme, die ein Gefühl erweckte, als würde einem mit einem stumpfen Messer an der Seele gesägt. Aber es war doch eine sehr vergnügte Hochzeit.

Die beiden Leute haben dann sehr nett miteinander gelebt. Sie schmorgten und sorgten und knickerten und knauserten nach Herzenslust, sie zankten sich alle Tage nach Bedürfnis und waren glücklich. Sparsam wie in allen Dingen, haben sie nur einen einzigen Sohn in die Welt gesetzt, der große Dinge verspricht und auf den billigen Namen Karl getauft ist. Er ist jetzt sieben Jahre alt. Ein Freund von mir, der in der Nähe wohnt, fragte kürzlich seinen achtjährigen Sohn: „Otto, wo ist das blanke Markstück geblieben, das dir der Onkel geschenkt hat?"

„Das ist weg!" sagte Otto.

„Ich will wissen, wo es geblieben ist!" fragte der Vater streng. Der Junge zog verlegen mit den Schultern und sagte: „Ja, Karl Kniller. Neulich spielten wir zusammen, und da zeigte ich es ihm, und da sagte er, das müsse ich einpflanzen. Dann würde da ein Baum herauswachsen mit schönen roten Blumen, und zuletzt würde er Früchte kriegen wie kleine flache Kapseln. Wenn die reif sind, pflückt man sie ab, und in jeder liegt ein Markstück, manchmal aber auch zwei Fünfzigpfennigstücke. Da haben wir es an der Planke eingepflanzt und eine Kerbe eingeschnitten, damit wir den Platz wüßten. Nach acht Tagen wollte ich mal nachsehen, ob es schon gekeimt hätte, aber da . . . da . . ."

„Nun, was war da?" fragte der Vater.

„Ja, da war's weg", sagte Otto.

Mich dünkt, der brave Karl Kniller wird es in der heutigen Zeit noch zu etwas bringen, denn das Zeug zu einem Gründer steckt offenbar in ihm.

Heinrich Seidel

Nur wenige mögen sich noch des Verfassers der Urhygiene erinnern; insbesondere seiner so beherzigenswerten Worte: „Was süß und was lieblich ist, das genießet; aber werfet von euch mit hochsinnigem Abscheu das giftige Dampf- und Nieskraut!" Und doch ist wenigstens der erste Teil desselben seit lange Fleisch geworden; Denker, Dichter und Helden, alles ißt jetzt Kuchen, ohne dadurch in den Verdacht der Originalität zu kommen oder sonst von der bürgerlichen Reputation etwas Merkliches einzubüßen. Die meisten Älteren aber werden wissen, daß in unsrer Jugend solches für ganz unmännlich galt und lediglich den Frauen zugestanden wurde; und nicht zu leugnen ist es, daß sich unter den Kuchenessern der alten Zeit manche seltsame oder gar unheimliche Figuren befanden.

Zu den ersteren gehörte ein alter Familienonkel, den wir „Onkel Hahnekamm" nannten. Der fein geschnittene Kopf des sauberen alten Herrn wurde nämlich von einem wohlgepflegten Toupet gekrönt, das durch die glattangekämmten Schläfenhaare nur noch mehr zum Ausdruck kam. Nie und nirgends wieder habe ich ein solches Toupet gesehen; aber es war auch der Stolz und die Wonne des Besitzers. Jeden Abend vor dem Schlafengehen wurde es von ihm selbst — denn der arme Alte hatte an seinem Lebensabend keinen Diener mehr — mit Papilloten (Haarwickel) eingewickelt und dann die Nachtmütze behutsam darübergezogen; die Frisierstube selbst pflegte er bei verschlossenen Türen und ohne Zeugen zu begehen. Aber wer vergäße nicht einmal, den Schlüssel umzudrehen? – Und so kam ich denn am Ende dahinter, weshalb, wie unsre Köchin behauptete, „der Pull" im Winter doch am schönsten sei.

Es war an einem Neujahrsmorgen, als ich wie herkömmlich den Großohm für den Abend auf „Karpfen und Fürtgen" einzuladen hatte; aber ich klopfte diesmal wiederholt an seine Tür, ohne das „Herein!" der alten Stimme zu vernehmen. Als ich endlich dennoch zu öffnen wagte, erblickte ich ihn vor seinem großen Ofen in einer Stellung, die mich zuerst auf den Gedanken brachte, der gute Alte wolle durch einen Feuertod seinem Leben ein Ende machen; denn Kopf und Hals steckten völlig in dem heißen Ofenloch. Glücklicherweise, ehe ich einen Rettungsversuch begann, kam mir wie durch Eingebung der innere Zusammenhang der Dinge; ich schlich mich leise fort, um erst nach einer halben Stunde wiederzukehren, wo das Toupet bereits wie ein silbergraues Sträußchen über der Stirn saß; und der gute Alte hat es nie erfahren, daß sein keuschestes Geheimnis von mir belauscht wurde. Wer weiß! Jenes Toupet war vielleicht das einzige, was er aus den Tagen seines Glanzes in sein einsames Greisenalter hinübergerettet hatte, er hatte es vielleicht in seinem Bräutigamsstande als allerneueste Mode aus Hamburg oder gar aus Paris mitgebracht; und es war nun das letzte Zeichen, das ihn, wenn er in voller Toilette vor dem Spiegel stand, noch an die verstorbene Tante erinnerte, die ich in meiner frühesten Kindheit mit gelben falschen Locken und kupferigen Wangen auf dem Sofa hatte sitzen sehen, von der aber die Großmutter sagte, daß sie einst eine große Schönheit gewesen sei.

Am Abend trat er dann in seinem olivenbraunen Überrock mit feingefaltetem Jabot (Spitzenrüsche) in die Gesellschaft. L'Hombre spielte er nicht mehr, er hatte nichts mehr zu ver spielen; er saß nur als ein bescheidener und wenig beachteter Zuschauer bald bei dieser, bald bei jener Spielpartie. Dafür aber fand er denn auch Gelegenheit, in dem letzten halben Stündchen vor dem Abendessen, wo die Hausfrauen in der Küche ihre Soßen zu revidieren pflegen, in das noch einsame Tafelzimmer hinüberzugehen und ungestört die zu erwartenden Genüsse vorzukosten. Nicht zu leugnen ist es, daß dabei hier ein Törtchen, dort eine Traubenrosine aus den Kristallschalen verschwand. Indes, der Onkel war einer von den harmlosesten Kuchenessern; die Törtchen und Rosinen gehörten zu den wenigen Veilchen, die ihm zuletzt noch an seinem Wege blühten, und er befolgte nur die Mahnung des alten Liedes, sie nicht ungepflückt zu lassen.

Eine ganz andre Figur war der Herr Ratsverwandte Quanzfelder. Noch sehe ich ihn, wie er unserm Hause gegenüber aus seiner Tür zu treten pflegte; im mausgrauen Kleidrock, den rot baumwollenen Regenschirm unter dem Arm. Trotz seiner knochigen Gestalt machte er mir immer den Eindruck einer alten Mamsell. Denn seine Bewegungen waren klein und seine Stimme dünn und gläsern gleich der eines Verschnittenen; dabei hingen ihm in dem runzligen zusammengedrückten Gesichte die Augenlider wie Säckchen über den kleinen Augen. Wenn er vor einer Dame den Hut zog, so krächzte er sein „Gud'n Dag, gud'n Dag, Madam!" wie ein heiserer Vogel; und seltsam war es anzusehen, wie er dann mit gespreizten Fingern und taktmäßig hin und her bewegten Armen seinen Weg fortsetzte.

Von dem intimeren Gebaren des Mannes weiß ich aus eigner Erfahrung nichts zu berichten; aber unsre Tante Laura, in deren elterlichem Hause er aus und ein ging, hat mir gründlichen Bescheid gegeben, da ich mich neulich nach diesem weiland „Hausfreunde" bei ihr erkundigte.

„Hmm, Vetter!" begann sie – und sah mich dabei mit äußerstem Behagen an, wie immer, wenn wir auf unsre alte Stadt zu reden kommen – „Er kam allerdings mitunter zu uns; aber unser Hausfreund ist er nicht gewesen. Mein Vater hatte, wie Sie wissen, einen Kram mit Galanterie- und Eisenwaren, aus dem auch Herr Quanzfelder seinen kleinen Bedarf, und zwar auf Rechnung, zu entnehmen beliebte; sobald aber sein Konto nur zu ein paar Mark aufgelaufen war", – und Tante Laura nahm die verbindlichste Miene an und fiel für einen Augenblick in ihr geliebtes Platt – „so wurr en Grötniß bestellt, Herr Ratsverwandter keem Klock dree, um de Räken to betalen. Nebenan bei meinem Onkel, aus dessen Laden er seine Ellenware kaufte, bedeutete das eine Anmeldung zum Kaffee, bei uns auf Tee und Pfeffernüsse.

Der Mann übte einen seltsamen Bann auf mich aus, so daß ich ihn immerfort betrachten mußte, und doch bekam ich allzeit einen Schreck, wenn ich seine Krähstimme von draußen vor dem Laden hörte, besonders aber, wenn er nun in der Stube mit altjüngferlicher Zierlichkeit seine knochigen Hände ausstreckte, um sich die wildledernen Handschuhe abzuziehen, und darauf Hut und Schirm so seltsam hastig in die Ecke stellte.

Es war mir damals ganz unzweifelhaft, daß es der Geruch der Pfeffernüsse war, wodurch er in diese Unruhe versetzt wurde. Kaum, daß er noch die rote Perücke mit beiden Händen plattgedrückt hatte, so saß er in seinem mausgrauen Rock auch schon unter dem Fenster am Teetische. Ich höre ihn noch sein ‚Danke, danke, Madam!' krähen, wenn meine Mutter ihm das Backwerk präsentierte. Er nahm dann mit der einen Hand eine Pfeffernuß, zugleich aber mit der andern auch den ganzen Teller und schob ihn neben sich unter das Blumenbrett auf die Fensterbank.

Gesprochen wurde nicht viel; man hörte meistens nur das Klirren der Teelöffel und das Scharren des Kuchentellers, der unter dem Blumenbrett aus und ein geschoben wurde und unter der pflichtschuldigen Nötigung meiner Mutter sich allmählich leerte. Zuweilen geschah das Abbeißen auch nur scheinbar, und die Pfeffernuß verschwand in dem weiten Rockärmel, worauf dann plötzlich der Herr Ratsverwandte das Bedürfnis empfand, sich die Nase zu schneuzen. Das buntseidene Taschentuch wurde hinten aus der Rocktasche gezogen, und das Backwerk glitt bei dieser Gelegenheit hinein. Wir Kinder sahen dem allen aufmerksam zu; sehnsüchtig nach der süßen Speise, von der heute nicht viel für uns abfiel. Schließlich, nach der dritten oder vierten Tasse, stand Herr Ratsverwandter auf: ‚Dörf ick nu bidden um en bät Papier darum!' Und mein Vater, der inzwischen rauchend im Zimmer auf und ab gegangen war, machte ihm eine Tüte; Herr Quanzfelder schüttete den Rest der Pfeffernüsse hinein und steckte sie zu ihren Brüdern in die Schoßtasche; dann nahm er den Hut und Schirm, krächzte noch ein paarmal: ‚Adje, Adje, Madam!' und empfahl sich."

„Auch zu Fasten", fuhr Tante Laura nach einer kleinen Pause in ihren Mitteilungen fort, „machte er regelmäßig seine Visite; und wenn meine Mutter, wie nicht anders schicklich, dann die Anfrage tat, ob Herr Ratsverwandter Appetit auf einen Heißewecken habe – und Sie wissen, Vetter, wie butterig die am Fastnachtmontag sind – so erbat er sich außerdem noch immer Butter und holländischen Käs' darauf, der alte Bösewicht!
Seine größte Schandtat aber verübte er am Geburtstage meines jüngsten Bruders. Der gute Junge hatte von seiner Tante ein Stück Kirschkuchen bekommen und saß seelenvergnügt damit auf seinem Kindersofa. Da – Vetter, ich glaube, er hatte es im Geruch – da tritt Quanzfelder herein: ‚Na, min lütje Jung,

schall ick dat Stück Koken hemm?' Ob mein Bruder das für Scherz hielt, ich weiß es nicht; genug, er gab richtig seinen Kirschkuchen hin; Herr Ratsverwandter aber ging ungesäumt zu meinem Vater: ‚Dat lütje Jung hätt mi dat Stück Koken gäben; will'n Se mi dat en bäten inwickeln.' Und mein Vater verlor so die Fassung, daß er ihm auch noch einen Bogen schönes weißes Papier darum gab. ‚Danke, danke, min Leeve.' Und fort ging Herr Ratsverwandter mitsamt dem Kirschkuchen; und ich sehe noch meinen Bruder mit seinem langen Gesicht auf dem Kindersofa sitzen." Tante Laura schwieg; sie hatte ihre Erinnerungen ausgeschüttet.

Theodor Storm

UNGLEICHE KAMERADEN

Da, wo unsre liebe Stadt nach der östlichen Richtung hin auf-
hört, am schwarzen Gittertor des Kirchhofes, saß seit Menschengedenken ein Hökerweib und verkaufte seine Ware, welche in Äpfeln, Eiern und Käse bestand. Wenn die Alte so
regungslos, das Haupt gegen das Gitter gelehnt, dasaß, machte
sie den Eindruck eines niederländischen Bildes. Daran war der
dunkelrote Kattunmantel schuld, aus dessen breitausgeschla-
gener Kapuze ein faltiges Gesicht, blaue Augen und schnee-
weißes Haar sich scharf abhoben. Sie zählte achtzig Jahre,
hatte immer am Kirchhof gesessen, und die Poesie ihres
Lebens waren Leichenbegängnisse. Alle ihre Tränen, Seufzer
und Gebete galten den Toten, die in ihrer Lade still an ihr vor-
überzogen. Die Armseligkeit, welche ohne Blumen und Beglei-
tung daherkam, griff ihr ins Herz, und sie weinte aus Mit-
gefühl; über ein reiches Leichenbegräbnis zerfloß sie in Tränen
der Bewunderung; wenn ihr aber gar der Wind einen Grab-
gesang zutrug, über ihr die alten Zitterpappeln rauschten und
die Abend- oder Mittagssonne ihr warm auf das Haupt schien,
dann war die Alte im siebenten Himmel. Jedoch nicht oft vereinigte sich all dies zu ihrem Behagen; es starben mehr Arme
als Reiche, und weit übers halbe Jahr hinaus blies ihr der
Wind um die Ohren, und Regen und Schnee klatschten auf
ihren großen blauen Schirm. Da nun aber alles, was dies alte
Herz zu empfinden vermochte, denen jenseits des Kirchhofs-
tores galt, so blieb natürlicherweise für die Lebendigen jen-

seits des Tores wenig oder gar nichts übrig. Die Klagen der armen Weiber über die teuern Eier rührten die Alte ebensowenig als das Murren der Männer über den Preis der Käse. Hungrigen Kinderaugen begegnete ihr Blick mit der vollkommensten Empfindungslosigkeit; denn Armut, Hunger und Kälte waren ihr so natürliche Dinge, daß ihr dabei nichts weiter einfiel. Indem sie niemals von dem einmal bestimmten Preis herunterging, kam es ihr auch nicht in den Sinn, wohlhabend aussehende Leute zu überteuern, wenn solche bei ihr anhielten, um etwas Obst zu kaufen. Sie war gerecht, die Alte, sowohl im Geschäft als in ihren Reden.

In der ganzen Gasse gab es keinen, der hätte behaupten können, die Frau habe ein freundliches Wort an ihn verloren, damit sie seine Kundschaft erhalte. Im Gegenteil, wenn einer sich einmal eine Bemerkung erlaubte, wie: „Heut' sind sie aber klein geraten, die Käschen", so erwiderte sie kurz: „Geht in den Laden und laßt sie Euch an der Elle abmessen!"

An einem schönen Herbstmorgen – die Alte saß schon an ihrem Platz – erschien auf der Treppe eines alten Hauses gegenüber ein kleiner, kaum fünfjähriger Bursche und schaute sich ernsthaft in der Welt um; er hielt einen langen Eisenhaken in der Hand, auf dem Rücken hing ihm ein Blechkessel. Die Blicke des Buben und der Hökerin begegneten sich; sie hätten die Betrachtung anstellen können, daß man nicht leicht älter und wohl kaum jünger sein konnte, um sein tägliches Brot zu verdienen; aber dergleichen fiel ihnen nicht ein. Der Bube setzte seine krummen, mit alten Lappen umwickelten Beinchen in Bewegung, die ihn schnurstracks vor den Äpfelkorb beförderten. „Du", sagte er, „gib mir einen Apfel!"

„Gott bewahre", entgegnete die Frau, und nach einer düstern Pause wandte sich der Knabe zum Gehen und nahm seine Beschäftigung auf: Er sammelte den Abfall der Gasse.

Im Laufe des Nachmittags kam er etwas müde unter der Last des gefüllten Kessels die Gasse einhergewackelt. Wieder zogen ihn die lachenden Äpfel unwiderstehlich in ihre Nähe. Er schaute sie lange an, endlich sagte er zu der alten Frau, die ihn scharf beobachtete: „Du, ich geb' dir gleich was aus meinem Kessel, – wenn du magst."

„Und ich geb' dir auch gleich was", meinte sie mit einer bezeichnenden Handbewegung, „pfui Teufel, fort mit deinem Lumpenzeug!" Betrübt schlich er davon.

Am andern Morgen stand er schon wieder da, ein Leichenzug ging eben vorbei, und die Alte weinte. Der Bube wartete den geeigneten Moment ab und fragte dann: „Du, gibst du mir einen Apfel, wenn ich tot bin?"

„Wer tot ist, braucht keinen Apfel mehr", entgegnete die Alte. „Aber ich", behauptete er. „Ist das ein Bengel", fuhr sie auf, „nicht einmal sein' Leich' kann man mit Ruh' betrachten. Mach dich fort, sag' ich!"

Das nächste Mal blieb der Bube vor dem neugefüllten Eierkorb stehen: „Wo sind die denn alle her?" fragte er, und als ihm keine Antwort wurde, gab er sich selber eine: „O, ich weiß – vom Huhn – es ist sehr schön von einem Huhn, so gute Eier zu legen."

„Nun, dafür ist's halt ein Huhn", brummte die Alte. Nach einer Pause tiefen Besinnens erklärte der Kleine: „Ich könnt's nicht, und wenn ich auch ein Huhn wär'." Aber auch diese Worte, in denen gewiß eine große Anerkennung ihrer Ware lag, vermochten die Alte nicht zu rühren.

Ein anderes Mal berichtete er voll Eifers: „Du, dort an der Ecke der Gasse steht eine Frau, die ruft dir schon lange, du sollst hinkommen." – „Geh hin und sag' ihr, sie soll herkommen", erwiderte die Hökerin, und der kleine Lügner ging und kehrte nicht wieder.

Als einstmals eine feine schwarzgekleidete Dame an dem Hökerweibe und dem Kleinen vorüberging, blies die Alte gar gewaltig die Backen auf. „Puh", sagte sie, „das ist eine Noble, die sieht unsereins gar nicht, aber wir kommen alle auf denselben Friedhof, das ist immer meine Freud'."

„Ist sie eine, die nicht arbeitet?" fragte der Kleine, „die kriegen vom St. Nikolaus hinten drauf."

„Du meine Güte", unterbrach ihn die Frau, „wenn einer auch so gar nichts von der Welt weiß, — seit wann arbeiten denn die reichen Leut', dummer Bub?" Der hielt jedoch an seiner Ansicht fest. „Der Vater sagt: Arbeiten oder Ohrfeigen, ja wohl!"

„Hör auf zu reden", schrie die Alte, „du bist ein Esel!" Der Bube besann sich einen Augenblick, alsdann erklärte er: „Meinetwegen, aber gibst du mir jetzt einen Apfel?" Die Hökerin griff nach dem Seil, mit dem sie ihre Körbe zu umwinden pflegte, und der Kleine verstand die Gebärde und trollte sich.

Er ging ins Haus, kletterte auf allen vieren die steile Treppe hinauf und trat in die niedrige Dachkammer, die nie verschlossen war. Da drin stand ein Bett, ein Tisch und ein paar Stühle; der Fußboden starrte vor Schmutz, ebenso die Fensterscheiben, die deshalb nur ein gedämpftes Licht einließen. Ein paar Kleider lagen und hingen herum; frische Luft schien seit Wochen nicht in den Raum gekommen zu sein. Hier war der kleine Lumpensammler aufgewachsen; ganz verlassen von klein auf, lag er fast immer im Bett, bis der Vater heimkam und sein Mittagsbrot mit ihm teilte. Der Mann nahm dann den Kleinen vor sich auf den Tisch, aß sein Brot und seinen Käs und schob von Zeit zu Zeit dem Kind einen Bissen in den Mund. Am Sonntag seifte und wusch er es tüchtig und nahm's mit ins Bierhaus.

Jetzt zählte der Bube fünf Jahre, und der Vater fand es an der

Zeit, ihm das Nichtstun abzugewöhnen. Wenn er des Abends von der Arbeit heimkam — er war Laternenputzer —, fiel sein erster Blick auf den kleinen Kessel. Fand er ihn gefüllt, war's gut, war es jedoch nicht der Fall, dann erhielt der Bube seine Strafe mit den Worten: „Arbeiten oder Ohrfeigen!" Und das war die einzige Weltweisheit, die der kleine Geselle bislang begriffen und an der er auch festhielt.

Obwohl sich nun die Hökerin jedesmal ärgerte, sooft er sich vor ihre Körbe pflanzte, so geschah es doch, daß sie plötzlich anfing, die Gasse entlang zu blicken, wenn der Bube einmal länger ausblieb als gewöhnlich. Kam er, so war sie neugierig auf seine neusten Anschläge, die alle darauf hinausliefen, einen Apfel zu haben. Aber ihre Widerstandskraft war ebenso groß wie seine Sehnsucht, und so übten sie gegenseitig ihren Witz mit tödlicher Ausdauer.

Die gelben Blätter über dem alten Kirchhoftore hatten sich allmählich zu den Füßen der Hökerin versammelt; sie zog ihren Mantel fester um sich, je kahler die Äste jenseits des Tores zum Himmel ragten. Jetzt krachten die Räder des Totenwagens über dem frischen Schnee, und nur die dunklen Lebensbäume ragten noch über die Gräberreihen. Ging die Sonne unter, so leuchtete es feuerfarben durch die kahlen Äste, und die Hökerin in ihrem roten Mantel lehnte ein paar Minuten lang wie vergoldet unter dem schwarzen, schneebestäubten Tore. An einem solchen kalten Abend hatte die Alte ihren blechernen Topf auf das Kohlenbecken gesetzt und erwärmte sich von Zeit zu Zeit den Magen mit einem Schluck heißen Kaffees. Der Mond stand am Himmel, von fern ertönte das Geklingel der Schlitten, alles, was kam und ging, übereilte und überstürzte sich, um die erstarrten Glieder zu erwärmen. Die Hökerin erhob sich manchmal und blickte die Gasse entlang; er war noch immer nicht zu sehen. Kopfschüttelnd trank sie ihren Kaffee, und da er ihr heute gar nicht den gewohnten Genuß gewährte, fing sie an zu schelten: „Der Bengel – treibt sich da im Schnee herum, – unnützes Volk die Kinder, sollten gleich groß auf die Welt kommen." Wieder erhob sie sich, richtig, da kam es durch den Schnee gewankt, eine kleine, krummbeinige, vornübergebeugte Gestalt.

„Wenn ich nicht zu faul zum Aufstehen wär', ich wollt' dir Beine machen", brummte die Alte und verwandte keinen Blick von dem Buben. Er schien aber heute alle Lust zur abendlichen Unterhaltung verloren zu haben; zitternd erstieg er die paar Stufen, um in das Haus zu gehen, aber als er an der Klinke drückte, fand er die Tür verschlossen.

„Richtig", sagte die Alte, „die Hausleute sind ja zu einer Hochzeit, da haben sie abgeschlossen, und an das Kind hat niemand gedacht." Der Bube stellte seinen Kessel samt Haken vor die Tür und setzte sich auf die Schwelle. Da saß er einen Augenblick wie ratlos, dann erhob er sich plötzlich und lief zur Hökerin hinüber, ihr die blau gefrorenen Händchen entgegenstreckend. „Ja", nickte sie, „das geschieht dir schon recht, meinst, 's gibt einen Apfel – Ohrfeigen gibt's, aber keinen Apfel." Dabei hielt sie ihm die Kaffeeschüssel hin, und er trank mit vollen Zügen, die Augen ängstlich auf die Alte gerichtet, welche immer zu schelten fortfuhr.

Plötzlich, sie wußte selbst nicht, wie's zugegangen war, hatte sie den erfrorenen Buben auf dem Schoß, sie schlug den weiten Mantel um ihn, und immer weiter scheltend, hielt sie ihn so fest an sich gepreßt. Bald hörte sie an dem ruhigen, tiefen Atem des Kindes, daß es eingeschlafen war, und sie schwieg und rührte sich nicht. An dem Herzen dieser Achtzigjährigen hatte nie ein menschliches Wesen geruht; weder Liebe noch Wohlwollen, noch Mitleid hatten diese starren Arme zu öffnen vermocht. Denn sie war immer brummig gewesen und nur auf ihren Vorteil bedacht, und der erschien ihr stets zweifelhaft, sooft ein Mann dabei im Spiel war. Jetzt ging von dem jungen Leben da eine wohltuende Wärme auf sie über; sie lauschte auf die Atemzüge des Kindes, dessen Haupt unter ihrem Kinn ruhte; sie wiegte es sachte, und es fiel ihr ein Lied ein, das sie in der Schule gelernt; sie begann es zu singen, völlig sinnlos, mit zischenden Tönen.

Als der Laternenputzer heimkam, rief sie ihn zu sich. „Da habt Ihr auch Euren Buben, hab' ihn Euch zum letzten Mal gehütet", und sie legte dem Mann das schlaftrunkene Kind in die Arme. Hierauf fuhr sie, über eine Stunde später als gewöhnlich, mit ihren Körben nach Hause.

Am andern Morgen trat der kleine Mann zur gewohnten Stunde aus dem Hause, um seinem Beruf nachzugehen. Den Blicken der alten Frau drüben begegnend, blieb er stehen und schaute, wie sich besinnend, ernsthaft zu ihr hinüber. Dunkel erinnerte er sich an das Wohlwollen, das er am vergangenen Abend empfunden. Er war ohne Mutter aufgewachsen und wußte nichts von der liebevollen Sorgfalt, nichts von dem zarten Berühren einer treuen Mutterhand. War ihm eine Ahnung davon geworden am Herzen der alten Frau?

Plötzlich stand er auf seinem alten Platz vor dem Korbe rotleuchtender Äpfel, aber er schaute über diese hinweg der Alten ins Antlitz und sagte, diesmal ohne Nebenabsichten: „Du, ich heirat' dich!"

Sie mußte lachen, zum erstenmal mußte sie über den kleinen Kerl lachen, und ohne sich zu besinnen, reichte sie ihm den schönsten Apfel im ganzen Korbe hin. Es war aber auch der einzige Heiratsantrag ihres Lebens gewesen.

Hermine Villinger

DER KLEINE VOGEL

Ein Mann und eine Frau lebten in einem kleinen hübschen Hause, und es fehlte ihnen nichts zu ihrer vollen Glückseligkeit. Hinter dem Hause war ein Garten mit schönen alten Bäumen, in dem die Frau die seltensten Pflanzen und Blumen zog. Eines Tages ging der Mann im Garten spazieren, freute sich über die herrlichen Gerüche, welche die Blumen ausströmten, und dachte bei sich selbst: „Was du doch für ein glücklicher Mensch bist und für eine gute, hübsche, geschickte Frau hast!" Wie er das so bei sich dachte, da bewegte sich etwas zu seinen Füßen.

Der Mann, der sehr kurzsichtig war, bückte sich und entdeckte einen kleinen Vogel, der wahrscheinlich aus dem Nest gefallen war und noch nicht fliegen konnte.

Er hob ihn auf, besah ihn sich und trug ihn zu seiner Frau.

„Herzensfrau", rief er ihr zu, „ich habe einen kleinen Vogel gefangen; ich glaube, es wird eine Nachtigall!"

„Lieber gar!" antwortete die Frau, ohne den Vogel auch nur anzusehen. „Wie soll eine junge Nachtigall in unseren Garten kommen? Es nisten ja keine alten drin."

„Du kannst dich darauf verlassen, es ist eine Nachtigall! Übrigens habe ich schon einmal eine in unserem Garten schlagen hören. Das wird herrlich, wenn sie groß wird und zu singen beginnt! Ich höre die Nachtigallen so gerne!"

„Es ist doch keine!" wiederholte die Frau, indem sie immer noch nicht aufsah; denn sie war gerade mit ihrem Strick-

strumpf beschäftigt, und es war ihr eine Masche herunter-
gefallen.

„Doch, doch", sagte der Mann, „ich sehe es jetzt ganz genau!"
und hielt sich den Vogel dicht an die Nase.

Da trat die Frau heran, lachte laut und rief: „Männchen, es ist
ja bloß ein Spatz!"

„Frau", entgegnete hierauf der Mann und wurde schon etwas
heftig, „wie kannst du denken, daß ich eine Nachtigall gerade
mit dem Allergemeinsten verwechseln werde, was es gibt! Du
verstehst gar nichts von Naturgeschichte, und ich habe als
Knabe eine Schmetterlings- und eine Käfersammlung gehabt."

„Aber, Mann, ich bitte dich, hat denn wohl eine Nachtigall
einen so breiten Schnabel und einen so dicken Kopf?"

„Jawohl, das hat sie; und es ist eine Nachtigall!"

„Ich sage dir aber, es ist keine; höre doch, wie er piepst!"

„Kleine Nachtigallen piepsen auch."

Und so ging es fort, bis sie sich ganz ernstlich zankten. Zuletzt
ging der Mann ärgerlich aus der Stube und holte einen kleinen
Käfig.

„Daß du mir das eklige Tier nicht in die Stube setzt!" rief
ihm die Frau entgegen, als er noch in der Türe stand. „Ich will
es nicht haben!"

„Ich werde doch sehen, ob ich noch Herr im Hause bin!" antwortete der Mann, tat den Vogel in den Käfig, ließ Ameisen-
eier holen und fütterte ihn – und der kleine Vogel ließ sich's
gut schmecken.

Beim Abendessen aber saßen der Mann und die Frau jeder
an einer Tischecke und sprachen kein Wort miteinander. Am
nächsten Morgen trat die Frau schon ganz früh an das Bett
ihres Mannes und sagte ernsthaft: „Lieber Mann, du bist
gestern recht unvernünftig und gegen mich sehr unfreundlich

gewesen. Ich habe mir eben den kleinen Vogel noch einmal besehen. Es ist ganz sicher ein junger Spatz; erlaube, daß ich ihn fortlasse."

„Daß du mir die Nachtigall nicht anrührst!" rief der Mann wütend und würdigte seine Frau keines Blickes.

So vergingen vierzehn Tage. Aus dem kleinen Häuschen schienen Glück und Friede auf immer gewichen zu sein. Der Mann brummte, und wenn die Frau nicht brummte, weinte sie. Nur der kleine Vogel wurde bei seinen Ameiseneiern immer größer, und seine Federn wuchsen zusehends, als wenn er bald flügge werden wollte. Er hüpfte im Käfig umher, setzte sich in den Sand auf dem Boden des Käfigs, zog den Kopf ein und plusterte die Federn auf, indem er sich schüttelte, und piepste und piepste – wie ein richtiger junger Spatz. Und jedesmal, wenn er piepste, fuhr es der Frau wie ein Dolchstich durchs Herz.

Eines Tages war der Mann ausgegangen, und die Frau saß weinend allein im Zimmer und dachte darüber nach, wie glücklich sie doch mit ihrem Mann gelebt habe; wie vergnügt sie von früh bis zum Abend gewesen seien und wie ihr Mann sie geliebt – und wie nun alles, alles aus sei, seit der verwünschte Vogel ins Haus gekommen.

Plötzlich sprang sie auf wie jemand, der einen raschen Entschluß faßt, nahm den Vogel aus dem Käfig und ließ ihn zum Fenster in den Garten hinaushüpfen.

Gleich darauf kam der Mann.

„Lieber Mann", sagte die Frau, indem sie nicht wagte, ihn anzusehen, „es ist ein Unglück passiert; den kleinen Vogel hat die Katze gefressen."

„Die Katze gefressen?" wiederholte der Mann, indem er starr vor Entsetzen wurde. „Die Katze gefressen? Du lügst! Du hast die Nachtigall absichtlich fortgelassen! Das hätte ich dir nie zugetraut. Du bist eine schlechte Frau. Nun ist es für ewig mit unserer Freundschaft aus!" Dabei wurde er ganz blaß, und es traten ihm die Tränen in die Augen.

Wie dies die Frau sah, wurde sie auf einmal inne, daß sie doch ein großes Unrecht getan habe, den Vogel fortzulassen, und laut weinend eilte sie in den Garten, um zu sehen, ob sie ihn vielleicht dort noch finden und haschen könnte. Und richtig, mitten auf dem Wege hüpfte und flatterte das Vögelchen; denn es konnte immer noch nicht ordentlich fliegen.

Da stürzte die Frau auf dasselbe zu, um es zu fangen, aber das Vögelchen huschte ins Beet und vom Beet in einen Busch, und von diesem wieder unter einen anderen, und die Frau stürzte in ihrer Herzensangst hinter ihm her. Sie zertrat die Beete und Blumen, ohne im geringsten darauf zu achten, und jagte sich wohl eine halbe Stunde lang mit dem Vogel im Garten herum. Endlich erhaschte sie ihn, und purpurrot im Gesicht und mit ganz verwildertem Haar kam sie in die Stube zurück. Ihre Augen funkelten vor Freude, und ihr Herz klopfte heftig. „Goldener Mann", sagte sie, „ich habe die Nachtigall wieder gefangen. Sei nicht mehr böse; es war recht häßlich von mir!"

Da sah der Mann seine Frau zum ersten Mal wieder freundlich an, und wie er sie ansah, meinte er, daß sie noch nie so hübsch gewesen wäre wie in diesem Augenblicke. Er nahm ihr den Vogel aus der Hand, hielt ihn wieder dicht vor die Nase und sagte dann: „Kindchen, du hattest doch recht! Jetzt sehe ich's erst; es ist wirklich nur ein Spatz. Es ist doch merkwürdig, wie sehr man sich täuschen kann."

„Männchen", erwiderte die Frau, „du sagst mir das bloß zuliebe. Heute sieht mir der Vogel wirklich selbst wie eine Nachtigall aus."

„Nein, nein!" fiel ihr der Mann ins Wort, indem er den Vogel noch einmal besah und laut lachte, „es ist nur ein ganz gewöhnlicher – Gelbschnabel." Dann gab er seiner Frau einen herzhaften Kuß und fuhr fort: „Trag ihn wieder in den Garten und laß den dummen Spatz, der uns vierzehn Tage unglücklich gemacht hat, fliegen."

„Nein", entgegnete die Frau, „das wäre grausam! Er ist noch nicht recht flügge, und die Katze könnte ihn wirklich kriegen. Wir wollen ihn noch einige Tage füttern, bis ihm die Federn noch mehr gewachsen sind, und dann – dann wollen wir ihn fliegen lassen!"

Die Moral von der Geschichte aber ist: Wenn jemand einen Spatz gefangen hat und denkt, es sei eine Nachtigall – sag's ihm beileibe nicht; denn er nimmt's sonst übel, und später wird er's gewiß von selbst merken.

Richard Volkmann-Leander

DER HASELNUSSPFARRER

Das war ein seltsamer Kauz, und wäre es wohl in jedem Stande gewesen, darum möchte ich ihn keineswegs als Typus des seinigen zeichnen; weil er aber doch einmal ein Pfarrer gewesen, so möge er hier seinen Platz finden, schon um seines Hauses willen, das gewiß der geistlichen Pflicht der Demut und Niedrigkeit in reichem Maße nachgekommen. Am besten ist's, wir begleiten, um Eingang ins Pfarrhaus zu erhalten, einen seiner Vikare, deren er gar viele gehabt, bei seinem ersten Eintritt; denn sonst ist es selten aufgesucht worden.

Es war im Sommer 18 . ., als ein neuernannter Vikar mutigen Schrittes in das ihm noch gänzlich unbekannte Dorf einzog, dessen Pfarrer er infolge höherer Weisung zum Gehilfen gesandt wurde. Das Pfarrhaus aufzufinden war aber keine leichte Sache, wenn man einem nicht zuvor gesagt hätte, es sei das baufälligste Haus im Ort. Unter Anleitung des Amtsdieners, der zugleich Gänsehirte war und eben seine Schar heimgetrieben hatte, kam der Vikar aber doch damit zustande. Klein war das Haus eben nicht, sah aber höchst trübselig und wirklich lebensgefährlich aus; denn es war auf einer Seite mit Seilen an einen danebenstehenden starken Lindenbaum gebunden.

Der Vikar fragte nach dem Herrn Pfarrer und der Frau Pfarrerin.

„Die Frau", hieß es, „ist über Feld, der Herr aber sind im Garten."

So ging er denn, ihn dort aufzusuchen, und dachte sich einen ehrwürdigen Herrn, zwischen Blumenbeeten und Obstbäumen einherwandelnd. Dem war aber nicht so, und einen solchen Garten hatte er noch nie gesehen. Ein halb Viertelmorgen war mit lauter Haselnußstauden, hohen und niedrigen, bepflanzt, nichts dazwischen als schmale Pfade. Inmitten dieser Haselnußwildnis wandelte der Pfarrer, eine dürre, starkknochige Gestalt mit einer bedeutend roten Nase und lederbraunem Gesicht, und erspähte prüfenden Blickes den Grad der Reife seiner Nüsse. Er empfing seinen neuen Vikar ziemlich kühl und schien es mißliebig aufzunehmen, daß man ihn in diesen Hain eingelassen hatte, führte ihn auch alsbald ins Wohnzimmer.

Dort war indes die Frau Pfarrerin von ihrem Gang auf den Markt der benachbarten Stadt angekommen, eine gleichfalls magere, höchst ungut aussehende Dame, die sich, nachdem sie einen himmelanstehenden Hut abgelegt hatte, in einer vergilbten Filethaube präsentierte und den Vikar fragte, ob er nicht Tee wolle, wenn es ihm nicht zu spät sei vor dem Nachtessen. Natürlich dankte er dafür.

Sonderlich wohl wurde es dem Vikar nicht diesem Ehepaar gegenüber, zwischen dem ein außerordentlich kühles Verhältnis zu bestehen schien. Heiterer und gemütlicher Natur, versuchte er aber doch einen fröhlichen Ton anzuschlagen und gab alle Universitätsspäße zum besten, was wirklich beim Pfarrer einen gurgelnden Ton hervorrief, der ein Lachen vorstellen sollte; und auch die Frau Pfarrerin, der das besonders zu behagen schien, versuchte ihre Muskeln zum Lächeln zu verziehen.

Nach dem Nachtessen brach der Pfarrer plötzlich auf, und der Vikar sah ihn, mit einem schweren Kruge versehen, die Treppe hinabsteigen. Auch ihm wurde nun sein Zimmer angewiesen, das im obersten Stockwerk gelegen war und so unerquicklich, dürr und trocken aussah wie das ganze Haus; er konnte seinen Stern nicht besonders preisen, der ihn unter dieses Dach geführt. Sein Verhältnis zu der Frau Pfarrerin schien sich indes recht erträglich zu gestalten, während der Pfarrer sich auf den nötigsten Verkehr beschränkte und besonders ängstlich bemüht schien, ihn von seiner Studierstube fernzuhalten, in welcher er den Tag über und abends fast alle Zeit zubrachte.

Als eines Tages der Pfarrer nach dem Nachtessen abermals verschwunden war, begann die Pfarrerin ganz zutraulich: „Herr Vikar, ich höre, Sie verstehen sich auf die Physiognomien und sehen den Leuten an, wie lange sie noch leben werden." Der Vikar gab zu, daß er sich hie und da damit befaßt und namentlich bei Kranken oft einen richtigen Blick gehabt habe. „Nun, meinen Sie, daß ich oder mein Mann zuerst sterben werden?" Als der Vikar, erstaunt über eine so ruhig gestellte Frage dieser Art aus dem Munde einer Gattin, die Antwort schuldig blieb, fuhr sie mit schauerlicher Gelassenheit fort: „Sehen Sie, ich und mein Mann haben gar nie zusammengepaßt; ich hätte ihn nie genommen, wenn mir's nicht um einen eignen Unterschlupf (Heim) zu tun gewesen wäre. Seit wir verheiratet sind, hat er mich nur erzürnt; wenn ich fett koche, will er mager essen, habe ich eingeheizt, sperrt er die Fenster auf; will ich Bohnen pflanzen, pflanzt er Haselnüsse. Ich ärgere mich nun schon lange nicht mehr; aber ich muß oft denken, es wäre fast am besten, wenn der liebe Gott eins von uns beiden zu sich nähme, ich könnte dann nach Nürtingen ziehen."

Der Vikar, der nicht wußte, ob er über diese gottergebene Ehefrau lachen oder weinen solle, zog sich aus der Sache, so gut er konnte, und meinte, der Herr Pfarrer sehe noch sehr robust aus; doch habe man freilich Exempel, daß auch die kräftigsten Leute schnell wegsterben und so weiter.

Ein Rätsel, das ihn täglich beschäftigte, war für den Vikar des Pfarrers Studierstube, zu der niemand Zutritt hatte; selbst Bauern, die zu ihm wollten, wurden stets die Treppe hinaufgewiesen. Ums Leben gern hätte er gewußt, was er eigentlich dort trieb; theologische Studien schwerlich, denn seine Gelehrsamkeit war ziemlich verrostet, und seine Predigten mahnten an die Gebeträder der Buddhisten, welche dieselbe Leier mechanisch abrollen. Hatte er einmal gar nicht studiert, so verkürzte er die zur Predigt bestimmte Zeit damit, daß er nach Verlesung des Evangeliums anhob: „Dieses Evangelium ist so schön und so schön, daß ich's eurer Liebe noch einmal vorlesen muß", und so fort. Klassische Studien trieb er wohl ebensowenig; denn seine ganze Kenntnis der alten Sprachen schien darauf eingeschrumpft, daß er das Wort Vikarius durch alle Fälle deklinierte: „Das ist des Herr Vikarii Glas"; „schenke dem Herrn Vikario ein"; „Herr Vikarie, ich wollte Sie noch fragen"; „hat Sie den Herrn Vikarium gesehen?" Was ging denn aber vor im geheimnisvollen Gemach, aus dem nur hie und da dumpfe, brummende Musiktöne in stiller Nacht heraufdrangen?

Da ereignete sich's einmal, daß das Pfarrpaar, das man fast nie zusammen erblickte, weil sie stets daheim blieb, eine gemeinsame Einladung zu einem Hochzeitsfest annahm. Zudem fügte es sich, dem Vikar äußerst erwünscht, daß man am selben Tage eine nötige Notiz aus einem der Kirchenbücher verlangte, die unter des Pfarrers Gewahrsam waren. Dieser hatte zwar den Schlüssel mitgenommen; aber Bärbel, die alte Hausmagd, erbot sich, mit dem Hauptschlüssel zu öffnen. Mit erwartungsvollem Schauder, fast wie Ännchen in Blaubarts Stube, trat er in das geöffnete Heiligtum.

Siehe, da standen auf einem Tisch die sehr wenigen Bücher, deren der Pfarrer sich bediente; zwei lange Pfeifen, ein tüchtiger Krug; daneben lehnte eine mächtige Baßgeige, und an allen Wänden der Stube lagen Säcke mit Haselnüssen gefüllt. Bärbel bemerkte sein stummes Erstaunen: „Ja, der Herr Pfarrer brechen immer selber alle die Haselnüsse und essen sie auch allein." – „So, deshalb bleibt er so lange auf?" – „Ja, und da kriegt er Durst von den vielen Nüssen, und den da", auf den Krug zeigend, „trinkt er aus. Er überißt sich aber nie, er kann's gut vertragen, man spürt ihm gar nichts an", fügte sie entschuldigend hinzu.

So war's also entdeckt, das dunkle Geheimnis! Jeden Abend um halb neun Uhr zog der Herr Pfarrer samt seinem Krug, den er eigenhändig mit rotem Wein füllte, in die untere Stube, schwelgte dort in Haselnüssen und baßgeigte dazwischen, bis der Krug leer war. Das also war's, was des Pfarrers Leben ausfüllte, was ihn stumpf machte fürs Wissen, lau im Beruf, gleichgültig gegen häusliche Freudlosigkeit! – Ein so seltsames Surrogat für Glück war dem Vikar noch nie vorgekommen.

Das konnte man dem Pfarrer nicht nachsagen, daß er neuerungssüchtig oder anspruchsvoll in betreff seiner Wohnung sei. Das Mansardenzimmer des Vikars war allen Unbilden der Witterung ausgesetzt und an einem schönen Wintermorgen mit einem solchen Schneehügel bedeckt, daß es nötig wurde, für längere Zeit einen gemeinsamen Schlafsaal zu errichten, was der noch lebende Totengräber des Orts bezeugen kann.

Der Pfarrer nahm solches Mißgeschick mit großer Gelassenheit auf. Seit das Pfarrhaus durch den Lindenbaum wieder gestützt worden war, lebte er ruhig darin fort, versunken in seine Haselnüsse, bis eines schönen Morgens, da die Hausbewohnerschaft eben am Frühstück saß, der Zimmerboden ohne besondere Veranlassung hinunterbrach und sämtliche Mitglieder des Hauses, Herr und Frau, Vikar und Bärbel, rasch und sicher in den darunter befindlichen Kuhstall versetzte. Das war eine große Überraschung; die Frau Pfarrerin richtete sich zuerst auf, sie war weich gefallen, und sah nach, ob sie noch keine Veranlassung habe, nach Nürtingen zu ziehen; aber auch der Herr Pfarrer war unverletzt; nur der Vikar lag härter und wirklich gefährlich unter einer Kuh.

Sobald man sich notdürftig erholt hatte, wurde ein Eilbote ans Königliche Kameralamt abgesandt mit einem Bericht dieser merkwürdigen Begebenheit. Besagtes Amt kam tags darauf in höchsteigener Person mit einem Werkmeister, um den Schaden einzusehen und aufzunehmen. Die Herstellung des eingebrochenen Zimmerbodens sollte unverzüglich in den Bauüberschlag fürs nächste Jahr, die der zerschmetterten Fenster aber in den fürs nachfolgende aufgenommen werden, wenn der Pfarrer den Beweis herstellen könne, daß die Fenster durch Ausheben nicht noch hätten gerettet werden können. Auf des Pfarrers dringende Vorstellung, daß er sein Zimmer nicht entbehren könne, wurde ihm gestattet, dasselbe einstweilen auf eigene Rechnung herstellen zu lassen, mit der Bedingung, daß er die Sache wieder in statum quo (in den vorigen Zustand) setze, falls das Haus an einen anderen übergeben würde, noch ehe die Herrschaft den Bauüberschlag genehmigt hätte.

Der Stubenboden wurde wiederhergestellt; die Herzen des Ehepaars schienen sich aber auch durch diese tragische Katastrophe nicht nähergekommen zu sein. Dem Vikar gefiel's je länger, je weniger; er war es immer mehr satt, die trübselige Frau Pfarrerin zu unterhalten, während der Pfarrer seine Orgien in der Haselnußkammer feierte. So zog er denn ab, sobald es sich tun ließ.

Sein Nachfolger, ein hagebüchener, ausgedienter Vikar, war, scheint es, die verwandte Seele, die dem Pfarrer lange gefehlt hatte. Er begleitete des Pfarrers Baßgeige mit dem Violoncell, und ihm wurde die Gunst gewährt, deren sich noch kein Sterblicher erfreut hatte: er durfte teilnehmen an den Schwelgereien unter den Nußsäcken; auch mußte von nun an der Krug allabendlich noch einmal aufgefüllt werden.

Nach Jahr und Tag führte den ersten Vikar sein Weg wieder in die Gegend. Da beschloß er denn, den Pfarrer wieder aufzusuchen und ihn mit einem Säckchen extraschöner Augustnüsse zu erfreuen. In der Nähe des Orts aber traf er mit dem hagebüchenen Vikar zusammen, der soeben seine Ernennung als Pfarrverwalter daselbst erhalten hatte. Der Haselnußpfarrer und seine Frau waren an einem und demselben Tag gestorben.

Ottilie Wildermuth